Sekrety Makaronu Włoskiego

Kulinarne Przygody z Książką Autorstwa Anny Kowalska

Anna Kowalska

SPIS TREŚCI

Ziti ze Szpinakiem i Ricottą 8

Rigatoni z Czterema Serami 10

Linguine z kremowym sosem orzechowym 12

Muszki z Amaretti 14

Spaghetti z jajkami sadzonymi w stylu Salerno 16

Suflet Tagliarini 19

Spaghetti w stylu spalacza węgla drzewnego 23

Bucatini Z Pomidorami, Pancettą i Ostrą Papryką 25

Penne z pancettą, pecorino i czarnym pieprzem 28

Penne Z Wieprzowiną I Kalafiorem 32

Spaghetti z sosem wódkowym 35

Muszki ze szparagami, śmietaną i prosciutto 37

„Wleczone" penne z sosem mięsnym 39

Spaghetti w stylu Caruso 42

Penne z Fasolą i Pancettą 44

Makaron Z Ciecierzycą 47

Rigatoni Rigoletto 49

Smażone spaghetti Anny 52

Makaron z bakłażanem Timbale 55

Pieczone Ziti 59

Sycylijski Pieczony Makaron 61

Pieczony makaron Sophii Loren 65

Linguine z sosem małżowym 67

Toskańskie spaghetti z małżami 70

Linguine z anchois i pikantnym sosem pomidorowym 73

Linguine z Krabem i Małymi Pomidorami 75

Linguine z mieszanym sosem z owoców morza 77

Cienkie Spaghetti z Bottargą 80

Weneckie spaghetti pełnoziarniste w sosie anchois 82

Spaghetti w stylu Capri 84

Linguine z Krewetkami, Po Wenecku 86

Makaron Z Sardynkami I Koprem Włoskim 88

Penne z Cukinią, Miecznikiem i Ziołami 91

Wigilijne Spaghetti z Baccalą 94

Linguine z pesto z tuńczyka 97

Zimny Makaron Z Konfetti Warzywnymi I Owocem Morza 99

Świeży Makaron Jajeczny 102

Fettuccine z masłem i parmigiano 111

Fettuccine z masłem i serem 113

Fettuccine Z Wiosną Warzywami 115

Fettuccine z kremem z gorgonzoli 117

Tagliarini z pesto, po genueńsku 119

Fettuccine Z Karczochami 121

Fettuccine Z Filetami Pomidorowymi 124

Fettuccine z tysiącem ziół 126

Fettuccine z kiełbasą i śmietaną 130

Zielony i biały makaron z kiełbasą i śmietaną 132

Fettuccine z porami i Fontiną 134

Fettuccine z pieczarkami i prosciutto 136

Letnie Tagliatelle 138

Fettuccine z sosem grzybowym i anchois 140

Fettuccine z przegrzebkami 142

Tagliarini Z Krewetkami I Kawiorem 144

Chrupiący Makaron Z Ciecierzycą, Po Apulii 146

Tagliarini z Abruzzese Chocolate Ragù 149

Lasagne w stylu bolońskim 152

Lasagne Neapolitańska 154

Lasagne ze szpinakiem i grzybami 157

Zielona Lasagne 160

Zielona lasagne z ricottą, bazylią i sosem pomidorowym 163

Lasagne z Bakłażanów 166

Ricotta i szynka Cannelloni 170

Cannelloni z cielęciną i szpinakiem 174

Zielone i białe cannelloni 178

Cannelloni z estragonem i pecorino 181

Serowe ravioli z sosem ze świeżych pomidorów 184

Ravioli ze szpinakiem i serem w stylu parmeńskim 188

Zimowe ravioli z dynią z masłem i migdałami 191

Ravioli Mięsne Z Sosem Pomidorowym 193

Toskańskie ravioli z kiełbasą 197

Pikantne ravioli w stylu Marches 199

Ravioli z grzybami w sosie maślano-szałwiowym 201

Gigantyczne Ravioli Z Masłem Truflowym 203

Ravioli Buraczane Z Makiem 206

Krążki Makaronowe Nadziewane Mięsem W Sosie Śmietanowym 208

Tortelli ziemniaczane z kiełbasą Ragù 212

Gnocchi Ziemniaczane 215

Gnocchi ziemniaczane z jagnięciną Ragù 220

Ziti ze Szpinakiem i Ricottą

Ziti ze szpinakiem i ricottą

Na 4 do 6 porcji

Szpinak, ricotta i Parmigiano-Reggiano to typowy farsz do ravioli w Emilii-Romanii i wielu innych regionach. W tym przepisie nadzienie do świeżego makaronu staje się sosem do makaronu suszonego. Smaki są podobne, ale metoda jest znacznie łatwiejsza na co dzień. Jeśli wolisz, posiekane ugotowane brokuły mogą zastąpić szpinak.

1/2 funta szpinaku, usunąć twarde łodygi

4 łyżki niesolonego masła

1 średnia cebula, drobno posiekana

Sól

1 funt ziti lub penne

1 szklanka ricotty w całości lub częściowo odtłuszczonej, o temperaturze pokojowej

½ szklanki świeżo startego Parmigiano-Reggiano

Świeżo zmielony czarny pieprz

1. Szpinak włóż do dużego garnka i postaw na średnim ogniu z 1/4 szklanki wody. Przykryj i gotuj przez 2 do 3 minut lub do momentu, aż zwiędną i będą miękkie. Odcedzić i ostudzić. Szpinak zawiń w niestrzępiącą się ściereczkę i odciśnij jak najwięcej wody. Drobno posiekaj szpinak.

2. W dużym rondlu rozpuść masło na średnim ogniu. Dodaj cebulę i smaż, aż będzie miękka i złocista, około 10 minut. Dodaj posiekany szpinak i gotuj, mieszając, aż szpinak się rozgrzeje, od 3 do 4 minut. Dodaj sól do smaku

3. W dużym garnku zagotuj co najmniej 4 litry wody. Dodać 2 łyżki soli, następnie makaron. Dobrze wymieszać. Gotuj na dużym ogniu, często mieszając, aż makaron będzie al dente, miękki, ale wciąż mocny. Odcedzić makaron, zachowując część wody z gotowania.

4. W dużej, rozgrzanej misce wymieszaj makaron ze szpinakiem, ricottą i serem. Jeśli makaron wydaje się suchy, dodaj trochę wody z gotowania. Posypać świeżo zmielonym czarnym pieprzem i natychmiast podawać.

Rigatoni z Czterema Serami

Rigatoni ai Quattro Formaggi

Na 4 do 6 porcji

Cztery sery sugerowane poniżej to tylko sugestia. Użyj tego, co masz pod ręką, nawet kawałki, które są nieco wysuszone, nadają się do startu. Nie przychodzi mi do głowy żaden ser, który nie pasuje do makaronu. Wersje tego makaronu jadłam w Rzymie, Toskanii i Neapolu i podejrzewam, że jest to rodzaj makaronu, który kucharze przyrządzają zawsze, gdy mają do dyspozycji niewielkie ilości różnego rodzaju serów.

1 funt rigatoni, ziti lub fusilli

Sól

6 łyżek roztopionego niesolonego masła

½ szklanki posiekanej Fontina Valle d'Aosta

½ szklanki posiekanej świeżej mozzarelli

½ szklanki posiekanego Gruyere lub Emmentalera

¾ szklanki świeżo startego Parmigiano-Reggiano

Świeżo zmielony czarny pieprz

1. W dużym garnku zagotuj co najmniej 4 litry wody. Dodać 2 łyżki soli, następnie makaron. Dobrze wymieszać. Gotuj na dużym ogniu, często mieszając, aż makaron będzie al dente, miękki, ale wciąż mocny. Odcedzić makaron, zachowując część wody z gotowania.

2. W dużej, rozgrzanej misce wymieszaj makaron z masłem. Dodać sery i kilka łyżek wody z makaronu. Podgrzewaj, aż ser się roztopi. Posyp czarnym pieprzem i natychmiast podawaj.

Linguine z kremowym sosem orzechowym

Linguine con Salsa di Noci

Na 4 do 6 porcji

Moja przyjaciółka Pauline Wasserman natknęła się na ten przepis podczas podróży po Piemoncie i podarowała mi go kilka lat temu. Orzechy nadają makaronowi bogaty smak, a ricotta sprawia, że jest kremowy i wilgotny. Podaję z dolcetto, lekkim, wytrawnym czerwonym winem z Piemontu.

½ szklanki orzechów włoskich

2 łyżki orzeszków piniowych

4 łyżki niesolonego masła

1 mały ząbek czosnku, bardzo drobno posiekany

1 łyżka posiekanej świeżej natki pietruszki płaskolistnej

¼ szklanki całej lub częściowo odtłuszczonej ricotty, mascarpone lub gęstej śmietanki

Sól

1 funt linguine

½ szklanki świeżo startego Parmigiano-Reggiano

1. Orzechy włoskie i orzeszki piniowe włóż do robota kuchennego lub blendera. Zmiel orzechy, aż będą drobne. (Nie przetwarzaj nadmiernie na pastę.)

2. Na średniej patelni rozpuść masło na średnim ogniu. Dodaj czosnek i pietruszkę i smaż 1 minutę. Wymieszaj zmielone orzechy i ricottę. Mieszaj do połączenia i podgrzej.

3. W międzyczasie zagotuj około 4 litrów wody w dużym garnku. Dodaj 2 łyżki soli, następnie makaron, delikatnie go dociskając, aż makaron będzie całkowicie pokryty wodą. Dobrze wymieszać. Gotuj, często mieszając, aż makaron będzie al dente, miękki, ale wciąż mocny. Odlać część wody z gotowania. Odcedzić makaron.

4. W dużej, rozgrzanej misce wymieszaj makaron z sosem i startym serem. Jeśli makaron wydaje się suchy, dodaj trochę wody z gotowania. Natychmiast podawaj.

Muszki z Amaretti

Farfalle z Amaretti

Na 4 do 6 porcji

Jedną ze specjalności Lombardii jest świeży makaron jajeczny nadziewany dynią ozimą i kruszonym amaretti, chrupiące ciasteczka migdałowe (<u>Zimowe ravioli z dynią z masłem i migdałami</u>). Skąpane w roztopionym maśle i posypane słono-orzechowym Parmigiano, połączenie smaków jest niezwykłe i niezapomniane. Kelner w małej trattorii w Cremonie powiedział mi, że ten prosty przepis z suszonym makaronem został zainspirowany tym wyszukanym daniem.

Jeśli rodzynki są zbyt suche, napełnij je, wrzucając je do wrzącej wody z makaronem tuż przed odcedzeniem.

Sól

1 funt farfalle

1 kostka niesolonego masła, roztopionego

12 do 16 pokruszonych ciasteczek amaretti (około 1/2 szklanki okruszków)

1/3 szklanki złotych rodzynek

1 szklanka startego Parmigiano-Reggiano

1. W dużym garnku zagotuj co najmniej 4 litry wody. Dodać 2 łyżki soli, następnie makaron. Dobrze wymieszać. Gotuj na dużym ogniu, często mieszając, aż makaron będzie al dente, miękki, ale wciąż mocny. Odlać część wody z gotowania. Odcedź makaron.

2. Masło włóż do dużej, ciepłej miski. Dodać makaron i wymieszać z bułką tartą i rodzynkami. Dodać ser i ponownie wymieszać. Jeśli makaron wydaje się suchy, dodaj trochę wody z gotowania. Podawać na gorąco.

Spaghetti z jajkami sadzonymi w stylu Salerno

Spaghetti con l'Uuovo Fritto alla Salernitana

Na 2 porcje

Chociaż słyszałam o tym przepisie z okolic Neapolu, nigdy nie próbowałam go zrobić aż do pewnego dnia, kiedy pomyślałam, że nie mam w domu nic, co mogłabym ugotować dla siebie i męża. Jest proste i pocieszające i można je nawet podać na brunch. Jajka należy gotować do momentu, aż białka się zetną, ale żółtka pozostaną miękkie. Składniki tego przepisu wystarczą na dwa, ale w razie potrzeby można je podwoić lub potroić.

4 uncje spaghetti lub linguine

Sól

2 łyżki oliwy z oliwek

4 jajka

½ szklanki świeżo startego Pecorino Romano

Świeżo zmielony czarny pieprz

1. W dużym garnku zagotuj co najmniej 4 litry wody. Dodaj 2 łyżki soli, następnie makaron, delikatnie go dociskając, aż makaron

będzie całkowicie pokryty wodą. Dobrze wymieszać. Gotuj na dużym ogniu, często mieszając.

2. Rozgrzej olej na dużej patelni na średnim ogniu. Dodaj jajka, posyp je solą i pieprzem. Gotuj, aż białka się zetną, a żółtka będą nadal miękkie.

3. Odcedzić makaron, zachowując część wody z gotowania. Wymieszaj makaron z serem i 2-3 łyżkami wody.

4. Rozłóż makaron pomiędzy 2 porcjami. Na każdym ułóż po dwa jajka i natychmiast podawaj.

Suflet Tagliarini

Suflet Tagliarini

Na 6 porcji

Niektóre przepisy docierają do mojej kuchni okrężną drogą. Mój przyjaciel Arthur Schwartz podzielił się ze mną tym niezwykłym przypadkiem. Nauczył się tego od swojej partnerki ze szkoły gotowania, baronesy Cecilii Bellelli Baratta, która z kolei nauczyła się tego od swojej matki, Elviry. Rodzina Baratta mieszka w Battipaglia, w prowincji Salerno, gdzie ojciec Cecylii zajmował się pakowaniem pomidorów. Ale na czas II wojny światowej rodzina mieszkała w Parmie, gdzie było znacznie bezpieczniej.

Elvira (91 lat) nadal gotuje wiele dań z Parmy i twierdzi, że pomysł na suflet makaronowy stworzyła mieszkając w tym regionie, choć w rzeczywistości istnieją inne wersje. Cecilia podkreśla, że niezależnie od tego, co myśli reszta z nas, Włosi z północy nie mają prawie monopolu na makarony jajeczne i sosy śmietanowe.

Tym, co wyróżnia ten przepis, jest to, że składa się on z suszonego makaronu jajecznego, a nie świeżego. Szukaj tagliarini, cappellini lub cappelli di angelo, chociaż zwykły, cienki makaron jajeczny również będzie odpowiedni. Smak cytryny sprawia, że danie wydaje się jeszcze lżejsze niż jest w rzeczywistości.

Sos beszamelowy

4 łyżki niesolonego masła

4 łyżki mąki uniwersalnej

2 szklanki mleka

¾ szklanki tartego Parmigiano-Reggiano

⅛ łyżeczki świeżo startej gałki muszkatołowej

11/2 łyżeczki soli

½ łyżeczki świeżo zmielonego czarnego pieprzu

Drobno otarta skórka z 1 cytryny

Sok z 1 cytryny

4 duże jajka, oddzielone od siebie

Sól

8 uncji suszonego tagliarini lub innego drobnego suszonego makaronu jajecznego, podzielonego na 3-calowe kawałki

4 łyżki niesolonego masła

1 białko jaja

¼ szklanki plus 2 łyżki zwykłej, suchej bułki tartej

1. Przygotuj sos: Rozpuść masło w małym rondlu na średnim ogniu. Za pomocą trzepaczki wmieszaj mąkę i gotuj przez 2 minuty.

2. Ciągle ubijając, dodać mleko. Doprowadzić do wrzenia, często mieszając. Zdjąć z ognia i wymieszać z serem. Pozostawić do lekkiego ostygnięcia, a następnie dodać gałkę muszkatołową, sól, pieprz, skórkę z cytryny i sok.

3. Wlać mieszaninę do dużej miski i pozostawić do ostygnięcia do temperatury pokojowej. (Lub, jeśli się spieszysz, ostudź mieszaninę, umieszczając miskę w innej misce wypełnionej lodowatą wodą.) Wmieszaj żółtka, dokładnie mieszając.

4. Zagotuj około 3 litrów wody. Dodać 2 łyżki soli, następnie makaron. Gotuj, aż będzie gotowa tylko w połowie. Makaron będzie elastyczny, ale nadal twardy w środku. Dobrze odcedź.

Przełożyć makaron z powrotem do garnka, w którym się gotował i wymieszać z 2 łyżkami pozostałego masła. Niech makaron lekko ostygnie.

5. Umieść ruszt na środku piekarnika. Rozgrzej piekarnik do 375°F. Używając 1 łyżki pozostałego masła, natłuść naczynie do pieczenia o wymiarach 9 × 9 × 2 cale. Posyp około 1/4 szklanki bułki tartej, dobrze pokrywając naczynie.

6. W dużej misce za pomocą miksera elektrycznego ustawionego na średnią prędkość ubijaj białka ze szczyptą soli, aż utworzą się miękkie szczyty. Delikatnie wymieszaj białka z sosem beszamelowym. Za pomocą gumowej szpatułki stopniowo dodawaj sos do makaronu. Pracuj ostrożnie, aby nie spuścić powietrza zbyt mocno z białek. Wlać mieszaninę do przygotowanego naczynia do pieczenia.

7. Posyp pozostałymi 2 łyżkami bułki tartej. Posmaruj pozostałą 1 łyżką masła.

8. Piec przez 30 minut lub do momentu, aż suflet będzie napęczniały i lekko złocisty.

9. Aby uzyskać maksymalną lekkość, pokroić w kwadraty i natychmiast podawać. Suflet lekko opadnie po ostygnięciu.

Spaghetti w stylu spalacza węgla drzewnego

Spaghetti alla Carbonara

Na 6 do 8 porcji

Rzymianie uznają ciężko pracującego dostawcę węgla drzewnego za inspirację dla tego szybko przygotowanego makaronu. Mówią, że obficie zmielony czarny pieprz przypomina drobinki pyłu węglowego!

Niektórzy kucharze w Stanach Zjednoczonych dodają do sosu śmietanę, ale w Rzymie tak się go robi.

4 uncje pancetty, pokrojonej w grube plasterki

1 łyżka oliwy z oliwek

3 duże jajka

Sól i świeżo zmielony czarny pieprz

1 funtowe spaghetti lub linguine

¾ szklanki świeżo startego Pecorino Romano lub Parmigiano-Reggiano

1. Pokrój pancettę na 1/4-calowe kawałki. Wlać olej na patelnię wystarczająco dużą, aby zmieścił się w niej cały ugotowany makaron. Dodaj pancettę. Gotuj na średnim ogniu, aż pancetta będzie złocista na brzegach, około 10 minut. Wyłącz ogrzewanie.

2. W średniej misce ubij jajka dużą ilością soli i pieprzu.

3. W dużym garnku zagotuj co najmniej 4 litry wody. Dodaj 2 łyżki soli, następnie makaron, delikatnie go dociskając, aż makaron będzie całkowicie pokryty wodą. Dobrze wymieszać. Gotuj na dużym ogniu, często mieszając, aż makaron będzie al dente, miękki, ale wciąż mocny. Odcedzić makaron, zachowując część wody z gotowania.

4. Ugotowany makaron włóż na patelnię z pancettą i dobrze wymieszaj na średnim ogniu. Dodaj jajka i trochę wody z gotowania. Delikatnie mieszaj, aż makaron będzie miał kremową konsystencję. Posyp serem i większą ilością pieprzu. Dobrze wymieszaj i natychmiast podawaj.

Bucatini Z Pomidorami, Pancettą i Ostrą Papryką

Bucatini all'Amatriciana

Na 4 do 6 porcji

Amatrice to nazwa miasta w regionie Abruzji. Wiele osób z tych okolic osiedliło się w Rzymie, a przepis ten stał się jednym z dań sztandarowych miasta. Jak w przypadku wszystkich tradycji, wszyscy spierają się o właściwy sposób jej podtrzymywania. Kiedyś słuchałem rzymskiego programu radiowego na ten temat, w którym przez godzinę omawiano zalety i wady dodawania cebuli.

Próbowałem wielu wersji i ta najbardziej mi odpowiada. Bucatini, bardzo gruby kształt spaghetti z dziurką pośrodku, jest tradycyjny, ale trudny do spożycia. W przeciwieństwie do spaghetti, linguine i innych długich nitek makaronu, nie kręci się on równo wokół widelca, zwłaszcza jeśli jest ugotowany na twardo, tak jak lubią Rzymianie. Krótka, cienka rurka z makaronem, taka jak penne, jest również dobra i znacznie przyjemniejsza do jedzenia.

2 łyżki oliwy z oliwek

2 uncje pancetty pokrojonej w plasterki o grubości około 1/8 cala, pokrojonej na drobne kawałki

1 średnia cebula, drobno posiekana

Szczypta mielonej czerwonej papryki

1/2 szklanki wytrawnego białego wina

1 (28 uncji) puszka importowanych włoskich pomidorów obranych, odsączonych i posiekanych

Sól

1 funt bucatini, perciatelli lub penne

1/2 szklanki świeżo startego Pecorino Romano

1. Wlać olej na patelnię wystarczająco dużą, aby zmieścił się w niej cały ugotowany makaron. Dodać pancettę, cebulę i posiekaną czerwoną paprykę. Gotuj, mieszając od czasu do czasu, na średnim ogniu, aż pancetta i cebula będą złociste, około 12 minut.

2. Dodać wino i doprowadzić do wrzenia.

3. Wymieszaj pomidory i sól do smaku. Doprowadzić sos do wrzenia i gotować, mieszając od czasu do czasu, aż sos zgęstnieje, około 25 minut.

4. W dużym garnku zagotuj co najmniej 4 litry wody. Dodać 2 łyżki soli, następnie makaron. Dobrze wymieszać. Gotuj na dużym ogniu, często mieszając, aż makaron będzie al dente, miękki, ale wciąż mocny. Odlać część wody z gotowania. Odcedź makaron.

5. Na patelnię z sosem wrzucamy makaron. Mieszaj makaron i sos na dużym ogniu przez około 1 minutę lub do momentu, aż makaron zostanie pokryty. Jeśli makaron wydaje się suchy, dodaj trochę wody z gotowania. Zdjąć z ognia. Dodaj ser i dobrze wymieszaj. Natychmiast podawaj.

Penne z pancettą, pecorino i czarnym pieprzem

Penne alla Gricia

Na 4 do 6 porcji

Przypomniało mi się, jak dobry może być ten makaron w nowojorskiej restauracji San Domenico, gdzie był przygotowywany na lunch celebrujący kuchnię Rzymu. Musiałam włączyć go do tej kolekcji.

Penne alla Gricia jest bliskim krewnym i prawdopodobnie prekursorem Bucatini all'Amatriciana po lewej stronie. Tradycyjne przepisy na oba dania zawierają te same składniki — solone mięso, smalec i tarty ser owczy, które były typowymi przyprawami do makaronów, zanim pomidory przybyły z Nowego Świata i zostały zaakceptowane we Włoszech. Smalec wieprzowy dodaje bardzo dobrego smaku, ale według uznania można go zastąpić oliwą z oliwek.

W Rzymie robi się to z guanciale, peklowanego policzka wieprzowego. Jeśli nie mieszkasz w pobliżu włoskiego rzeźnika, guanciale jest trudne do znalezienia, ale pancetta jest bardzo podobna. Jeśli to możliwe, pokrój plasterki na grubość około 1/8 *cala. Aby ułatwić siekanie plasterków, spróbuj je krótko zamrozić na kawałku woskowanego papieru.*

2 łyżki smalcu wieprzowego lub oliwy z oliwek

4 uncje pokrojonego w plasterki guanciale lub pancetta, o grubości około 1/8 cala, pokrojonego na drobne kawałki

Sól

1 funt spaghetti

½ szklanki świeżo startego Pecorino Romano

½ łyżeczki świeżo zmielonego czarnego pieprzu lub więcej do smaku

1. Na patelni wystarczająco dużej, aby pomieścić cały ugotowany makaron, rozgrzej smalec lub oliwę z oliwek na średnim ogniu. Dodaj guanciale lub pancettę i gotuj, często mieszając, przez 10 minut lub do momentu, aż będą chrupiące i złocistobrązowe.

2. W dużym garnku zagotuj co najmniej 4 litry wody. Dodać 2 łyżki soli, następnie makaron. Dobrze wymieszać. Gotuj na dużym ogniu, często mieszając, aż makaron będzie al dente, miękki, ale wciąż mocny. Odlać część wody z gotowania. Odcedź makaron.

3. Wlać makaron na patelnię, wymieszać z serem, pieprzem i kilkoma łyżkami wody, aż makaron będzie dobrze pokryty. W razie potrzeby podawaj natychmiast z większą ilością pieprzu.

Penne Z Wieprzowiną I Kalafiorem

Makaron Incaciata

Na 4 do 6 porcji

Moja przyjaciółka Carmella Ragusa pokazała mi, jak przygotować ten przepis, którego nauczyła się podczas wizyty u rodziny na Sycylii.

2 łyżki oliwy z oliwek

2 ząbki czosnku, drobno posiekane

8 uncji mielonej wieprzowiny

1 łyżeczka nasion kopru włoskiego

½ szklanki wytrawnego czerwonego wina

1 funt świeżych pomidorów śliwkowych, obranych, pozbawionych nasion i posiekanych lub 2 szklanki importowanych włoskich pomidorów z puszki, odsączonych i posiekanych

Sól i świeżo zmielony czarny pieprz

3 szklanki różyczek kalafiora

1 funt penne

Około 1 filiżanki świeżo startego Pecorino Romano

1. Na dużą patelnię wlać olej. Dodaj czosnek i smaż na średnim ogniu na złoty kolor, około 2 minuty. Dodaj wieprzowinę i nasiona kopru włoskiego i dobrze wymieszaj. Gotuj, mieszając od czasu do czasu, aż mięso się zrumieni, około 15 minut.

2. Dodaj wino i gotuj na wolnym ogniu przez 3 minuty lub do momentu, aż większość płynu odparuje.

3. Dodać pomidory oraz sól i pieprz do smaku. Gotować 15 minut lub do momentu, aż sos lekko się zredukuje.

4. W dużym garnku zagotuj co najmniej 4 litry wody. Dodać kalafior i 2 łyżki soli. Gotuj, aż kalafior będzie miękki, około 10 minut. Łyżką cedzakową wydrąż kalafior i dobrze go odsącz. Nie wylewaj wody.

5. Do sosu dodać kalafiora i gotować, często mieszając i rozbijając kawałki łyżką, aż sos zgęstnieje, jeszcze około 10 minut.

6. Zagotuj wodę ponownie i dodaj makaron. Gotuj, często mieszając, aż makaron będzie al dente, miękki, ale wciąż mocny. Odlać część wody z gotowania. Odcedź makaron.

7. Przełóż makaron do podgrzanej miski, w której będziesz podawać. Makaron wymieszać z sosem, w razie potrzeby rozcieńczając go wodą z gotowania. Dodaj ser i dobrze wymieszaj. Natychmiast podawaj.

Spaghetti z sosem wódkowym

Spaghetti alla Vodka

Na 4 do 6 porcji

Według mojego przyjaciela Arthura Schwartza, autora książek kucharskich i autorytetu w dziedzinie żywności, makaron ten został wynaleziony w latach 70. XX wieku we Włoszech w ramach kampanii reklamowej dużej firmy produkującej wódkę. Po raz pierwszy jadłem go w Rzymie, ale wydaje się, że jest teraz bardziej popularny w Stanach Zjednoczonych niż we Włoszech.

¼ szklanki niesolonego masła

¼ szklanki drobno posiekanej szalotki

2 uncje pokrojonego w plasterki importowanego włoskiego prosciutto, pokrojonego w cienkie paski

1 (28 uncji) puszka importowanych włoskich pomidorów obranych, odsączonych i grubo posiekanych

½ łyżeczki mielonej czerwonej papryki

Sól

½ szklanki gęstej śmietanki

¼ szklanki wódki

1 funtowe spaghetti lub linguine

½ szklanki świeżo startego Parmigiano-Reggiano

1. Na patelni wystarczająco dużej, aby pomieścić cały ugotowany makaron, rozpuść masło na średnim ogniu. Dodaj szalotki i smaż na złoty kolor, około 2 minuty. Dodaj prosciutto i gotuj 1 minutę.

2. Dodać pomidory, pokruszoną czerwoną paprykę i sól do smaku. Gotuj 5 minut. Dodaj śmietanę i gotuj, dobrze mieszając, jeszcze przez 1 minutę. Dodaj wódkę i gotuj 2 minuty.

3. W dużym garnku zagotuj 4 litry wody. Dodaj 2 łyżki soli, następnie makaron, delikatnie go dociskając, aż makaron będzie całkowicie pokryty wodą. Gotuj na dużym ogniu, często mieszając, aż będzie al dente, miękkie, ale nadal twarde. Odlać część wody z gotowania. Odcedź makaron.

4. Na patelnię z sosem dodajemy makaron. Wrzuć makaron do sosu na dużym ogniu, aż będzie dobrze pokryty. Jeśli sos wydaje się zbyt gęsty, dodaj trochę wody z gotowania. Dodać ser i ponownie wymieszać. Natychmiast podawaj.

Muszki ze szparagami, śmietaną i prosciutto

Farfalle ze szparagami

Na 6 do 8 porcji

To połączenie idealnie pasuje do wiosennego menu. Uważam, że krem sprawia, że jest bardzo bogaty, dlatego zazwyczaj podaję ten makaron w małych porcjach jako pierwsze danie przed czymś prostym, jak grillowana cielęcina lub kurczak. Dodałam do tego makaronu posiekaną pieczoną paprykę i połączenie bardzo przypadło mi do gustu.

1 funt świeżych szparagów, przyciętych

Sól

1 szklanka gęstej śmietanki

1 funt farfalle

1/2 szklanki świeżo startego Parmigiano-Reggiano

2 uncje pokrojonego w plasterki importowanego włoskiego prosciutto, pokrojonego w poprzek w cienkie paski

1. Na dużej patelni zagotuj około 2 cali wody. Dodaj szparagi i sól do smaku. Gotuj, aż szparagi będą miękkie i lekko się uginają po

wyjęciu z wody. Czas gotowania będzie zależał od grubości szparagów. Szparagi osusz. Pokrój je na kawałki wielkości kęsa.

2. W małym rondelku zagotuj śmietanę. Gotuj 5 minut lub do momentu, aż lekko zgęstnieje.

3. Zagotuj duży garnek wody. Dodać 2 łyżki soli, następnie makaron. Dobrze wymieszać. Gotuj na dużym ogniu, często mieszając, aż makaron będzie al dente, miękki, ale wciąż mocny. Odlać część wody z gotowania. Odcedź makaron.

4. Do dużej miski włóż makaron, śmietanę i ser i dobrze wymieszaj. Jeśli sos wydaje się zbyt gęsty, dodaj trochę wody z gotowania. Dodaj szparagi i prosciutto i ponownie wymieszaj. Natychmiast podawaj.

„Wleczone" penne z sosem mięsnym

Penne Strascinate

Na 6 porcji

Po raz pierwszy jadłam ten makaron w małej wiejskiej restauracji w Toskanii, regionie, w którym każdy kucharz ma swój własny sposób na jego przygotowanie. Nazywa się je „wleczonym" penne, ponieważ makaron kończy gotowanie po wymieszaniu z sosem. Dzięki temu makaron nabiera smaku sosu.

¼ szklanki oliwy z oliwek

1 średnia cebula, drobno posiekana

1 średnia marchewka, drobno posiekana

1 delikatne żeberko selera, drobno posiekane

1 ząbek czosnku, bardzo drobno posiekany

2 łyżki posiekanej świeżej bazylii

12 uncji mielonej cielęciny

½ szklanki wytrawnego czerwonego wina

2 szklanki obranych, wypestkowanych i posiekanych świeżych pomidorów lub importowanych włoskich pomidorów z puszki, odsączonych i posiekanych

1 szklanka domowej robotyRosół MięsnyLubBulion z kurczakalub kupiony w sklepie bulion wołowy lub drobiowy

Sól i świeżo zmielony czarny pieprz

1 funt penne

½ szklanki świeżo startego Pecorino Romano

½ szklanki świeżo startego Parmigiano-Reggiano

1. Wlać olej na patelnię wystarczająco dużą, aby zmieścił się w niej cały ugotowany makaron. Dodać cebulę, marchewkę, seler, czosnek i bazylię. Gotuj na średnim ogniu, aż warzywa będą miękkie, około 10 minut.

2. Dodaj cielęcinę i smaż, często mieszając, aby rozbić grudki, około 10 minut. Dodać wino i doprowadzić do wrzenia. Gotuj 1 minutę.

3. Dodajemy pomidory, bulion, sól i pieprz do smaku. Gotować na małym ogniu 45 minut, od czasu do czasu mieszając.

4. W dużym garnku zagotuj 4 litry wody. Dodać 2 łyżki soli, następnie makaron. Dobrze wymieszać. Gotuj na dużym ogniu,

często mieszając, aż makaron będzie prawie miękki, ale lekko niedogotowany. Odłóż trochę wody z gotowania. Odcedź makaron.

5. Dodaj makaron na patelnię i zwiększ ogień do średniego. Gotuj, dobrze mieszając makaron, przez 2 minuty, w razie potrzeby dodając trochę wody. Wymieszaj sery i natychmiast podawaj.

Spaghetti w stylu Caruso

Spaghetti Enrico Caruso

Na 6 porcji

Enrico Caruso, wielki tenor neapolitański, uwielbiał gotować i jeść. Makaron był jego specjalnością, a ten podobno był jednym z jego ulubionych.

¼ szklanki oliwy z oliwek

¼ szklanki drobno posiekanej szalotki lub cebuli

8 uncji wątróbek drobiowych, przyciętych i pokrojonych na kawałki wielkości kęsa

1 łyżeczka drobno posiekanego rozmarynu

Sól i świeżo zmielony czarny pieprz

2 szklanki obranych, wypestkowanych i posiekanych świeżych pomidorów lub importowanych włoskich pomidorów z puszki, odsączonych i posiekanych

1 funtowe spaghetti lub linguine

2 łyżki niesolonego masła

½ szklanki świeżo startego Parmigiano-Reggiano

1. Wlać oliwę na patelnię wystarczająco dużą, aby zmieścił się w niej cały makaron. Dodaj szalotkę. Gotuj na średnim ogniu do miękkości, około 3 minut. Dodać wątróbkę, rozmaryn oraz sól i pieprz do smaku. Gotuj 2 minuty lub do momentu, gdy wątroba przestanie być różowa.

2. Wmieszać pomidory i doprowadzić do wrzenia. Gotuj 20 minut lub do momentu, aż lekko zgęstnieje.

3. W dużym garnku zagotuj 4 litry wody. Dodaj 2 łyżki soli, następnie makaron, delikatnie go dociskając, aż makaron będzie całkowicie pokryty wodą. Dobrze wymieszać. Gotuj na dużym ogniu, często mieszając, aż makaron będzie al dente, miękki, ale wciąż mocny. Odlać część wody z gotowania. Odcedzić makaron.

4. Dodaj spaghetti do sosu i mieszaj razem przez 1 minutę na dużym ogniu. Jeśli sos wydaje się zbyt gęsty, dodaj trochę wody z gotowania. Dodać masło i ser i ponownie wymieszać. Natychmiast podawaj.

Penne z Fasolą i Pancettą

Penne i Fagioli

Na 4 do 6 porcji

Niektóre przepisy na makaron i fasolę są gęste i przypominają zupę, z równymi częściami fasoli i makaronu. Ta toskańska wersja to tak naprawdę makaron z fasolą i sosem pomidorowym.

2 łyżki oliwy z oliwek

21/2 uncji pancetty, drobno posiekanej

1 średnia cebula, drobno posiekana

1 duży ząbek czosnku, obrany i drobno posiekany

2 szklanki odsączonej ugotowanej lub puszkowanej żurawiny lub fasoli cannellini

1 1/2 funta pomidorów śliwkowych, obranych, wypestkowanych i posiekanych lub 3 szklanki importowanych włoskich pomidorów z puszki, odsączonych i posiekanych

Sól dla smaku

1 funt penne

Świeżo zmielony czarny pieprz

½ szklanki posiekanej natki pietruszki płaskolistnej

½ szklanki świeżo startego Parmigiano-Reggiano

1. Do dużego rondla wlać olej. Dodaj pancettę. Gotuj na średnim ogniu, mieszając od czasu do czasu, 10 minut lub do lekkiego zrumienienia. Dodaj cebulę i smaż, aż będzie miękka i złocista, około 10 minut.

2. Dodaj czosnek i smaż jeszcze 1 minutę. Dodać fasolę, pomidory oraz sól i pieprz. Gotuj 5 minut.

3. W dużym garnku zagotuj około 4 litrów wody. Dodać 2 łyżki soli, następnie makaron. Dobrze wymieszać. Gotuj na dużym ogniu, często mieszając, aż makaron będzie al dente, miękki, ale wciąż mocny. Odlać część wody z gotowania. Odcedzić makaron.

4. W dużej, ciepłej misce wymieszaj makaron z sosem i natką pietruszki. W razie potrzeby dodaj trochę wody z gotowania. Dodać ser i ponownie wymieszać. Podawać ze świeżo startym Parmigiano-Reggiano.

Makaron Z Ciecierzycą

Makaron i Ceci

Na 4 porcje

Odrobina oliwy z oliwek z pierwszego tłoczenia stanowi idealne wykończenie makaronu z ciecierzycą. Jeśli chcesz, żeby było pikantnie, spróbuj z odrobiną<u>Oleje święte</u>.

2 łyżki oliwy z oliwek

2 uncje pancetty pokrojonej w grube plasterki, drobno posiekanej

1 średnia cebula, posiekana

1 funt pomidorów, obranych, pozbawionych nasion i posiekanych

1 łyżka posiekanej świeżej szałwii

Szczypta mielonej czerwonej papryki

Sól

2 szklanki odsączonej ciecierzycy gotowanej lub z puszki

8 uncji małego makaronu, takiego jak łokieć lub ditali

Oliwa z oliwek z pierwszego tłoczenia

1. Do dużego rondla wlać olej. Dodaj pancettę i cebulę i smaż, mieszając od czasu do czasu, na średnim ogniu, około 10 minut lub do momentu, aż będą miękkie i złociste.

2. Dodać pomidory, pół szklanki wody, szałwię, czerwoną paprykę i sól do smaku. Doprowadzić do wrzenia i gotować 15 minut. Dodaj ciecierzycę i gotuj jeszcze 10 minut.

3. W dużym garnku zagotuj około 4 litrów wody. Dodaj 2 łyżki soli, a następnie makaron. Dobrze wymieszać. Gotuj, często mieszając, aż makaron będzie miękki, ale mocny przy kęsie. Odlać część wody z gotowania. Odcedź makaron.

4. Na patelnię z sosem dodajemy makaron. Dobrze wymieszaj i gotuj na wolnym ogniu, w razie potrzeby dodając trochę wody z gotowania. Natychmiast podawaj.

Rigatoni Rigoletto

Makaron al Rigoletto

Na 6 porcji

Makaron ten nosi imię Rigoletta, tragicznego bohatera wspaniałej opery Verdiego. Akcja rozgrywa się w Mantui, gdzie ten makaron jest dobrze znany.

2 lub 3 kiełbaski wieprzowe po włosku (około 12 uncji)

2 łyżki oliwy z oliwek

1 średnia cebula, drobno posiekana

2 ząbki czosnku, drobno posiekane

4 łyżki koncentratu pomidorowego

2 szklanki wody

2 szklanki ugotowanej suszonej żurawiny lub fasoli cannellini, lekko odsączonej

Sól i świeżo zmielony czarny pieprz

1 funt rigatoni

1 łyżka niesolonego masła

¼ szklanki drobno posiekanej świeżej bazylii

½ szklanki świeżo startego Parmigiano-Reggiano

1. Z kiełbasek zdejmujemy osłonki, a mięso drobno siekamy.

2. Do rondla wystarczająco dużego, aby zmieściły się wszystkie składniki, wlej olej. Dodać cebulę, kiełbasę i czosnek. Gotuj na średnim ogniu, często mieszając, aż cebula będzie miękka, a kiełbasa lekko rumiana, około 15 minut.

3. Dodaj koncentrat pomidorowy i wodę. Doprowadzić do wrzenia i gotować 20 minut lub do momentu, aż lekko zgęstnieje.

4. Dodać fasolę oraz sól i pieprz do smaku. Gotuj 10 minut, rozgniatając część fasoli grzbietem łyżki, aby sos stał się kremowy.

5. W dużym garnku zagotuj co najmniej 4 litry wody. Dodać 2 łyżki soli, następnie makaron. Dobrze wymieszać. Gotuj na dużym ogniu, często mieszając, aż makaron będzie al dente, miękki, ale wciąż mocny. Odlać część wody z gotowania. Odcedź makaron.

6. Na patelnię z sosem dodaj makaron, wymieszaj i gotuj 1 minutę, w razie potrzeby dodając odrobinę wody. Wymieszaj masło i bazylię. Dodać ser i ponownie wymieszać. Natychmiast podawaj.

Smażone spaghetti Anny

Spaghetti Fritti alla Anna

Na 4 porcje

Kiedy wraz z mężem i grupą przyjaciół odwiedziliśmy właścicielkę i nauczycielkę szkoły gotowania, Annę Tascę Lanza, na jej rodzinnym gospodarstwie i winnicy w Regaleali na Sycylii, dzieliliśmy się wieloma posiłkami. Pod koniec naszego pobytu postanowiliśmy zrobić nieformalny lunch z tego, co było w lodówce. Podczas gdy reszta z nas była zajęta krojeniem chleba i sera, nalewaniem wina i przygotowywaniem sałatki, Anna wyjęła resztki spaghetti i wlała je na ciężką patelnię. W ciągu kilku minut makaron zamienił się w chrupiące, złociste ciasto, które wszyscy pochłonęli. Anna wydawała się zaskoczona, że tak nam smakowało, i stwierdziła, że to coś, co można zrobić z resztek makaronu. Moja przyjaciółka Judith Weber w końcu zdobyła więcej informacji o tym, jak to zrobiła i przekazała mi przepis. Świetnie nadaje się na kolację o północy. Można ją przygotować z niemal każdego rodzaju resztek makaronu, chociaż najlepsze są długie pasma, ponieważ będą się sklejać.

4 do 8 uncji zimnych resztek spaghetti z [Sycylijski sos pomidorowy](#) Lub [Sos marinara](#)

3 łyżki oliwy z oliwek

2 łyżki startego Pecorino Romano

1. W razie potrzeby przygotuj spaghetti z sosem pomidorowym. Schładzaj co najmniej 1 godzinę lub przez noc.

2. Na dużej patelni z powłoką nieprzywierającą rozgrzej 2 łyżki oleju na średnim ogniu. Na oliwę wsypać 1 łyżkę sera i od razu na patelnię wrzucić makaron, ugniatając go grzbietem łyżki. Głębokość makaronu nie powinna przekraczać 3/4 cala.

3. Ugotuj makaron, spłaszczając go od czasu do czasu na patelni, aż uzyskasz złoty kolor i chrupkość na dnie, około 20 minut. Od czasu do czasu wsuń cienką szpatułkę pod makaron, aby upewnić się, że się nie skleja.

4. Gdy makaron ładnie się zarumieni, zdejmij patelnię z ognia. Wsuń szpatułkę pod makaron, aby upewnić się, że się nie przykleił. Połóż duży odwrócony talerz na wierzchu patelni. Chroniąc dłonie rękawicami kuchennymi, odwróć patelnię i talerz tak, aby ciasto makaronowe wypadło z patelni na talerz.

5. Na patelnię dodaj pozostały olej i ser. Wsuń ciasto makaronowe chrupiącą stroną do góry z powrotem na patelnię. Gotuj w taki

sam sposób jak pierwszą stronę, aż będzie rumiana i chrupiąca, jeszcze około 15 minut. Kroimy w krążki i podajemy na gorąco.

Makaron z bakłażanem Timbale

Makaron al Timballo

Na 6 porcji

Makaron, sery i mięsa otoczone kopułą z plastrów bakłażana stanowią efektowne danie na imprezę lub inną wyjątkową okazję. Nie jest trudne do wykonania, ale należy zachować szczególną ostrożność podczas wyjmowania z piekarnika ciężkiego timbale.

Na Sycylii robi się go z caciocavallo, półtwardego sera z mleka krowiego sprzedawanego w osłonce w kształcie gruszki. Nazwa oznacza ser koński i to, dlaczego tak się nazywa, jest przedmiotem dyskusji od wieków. Niektórzy historycy uważają, że pierwotnie ser wytwarzano z mleka klaczy, inni twierdzą, że kiedyś transportowano go na koniach zawieszonych na żerdziach. Caciocavallo działa podobnie do provolonu, który można zastąpić lub zastosować Pecorino Romano.

2 średnie bakłażany (około 1 funta każdy)

Sól

Oliwa z oliwek

1 średnia cebula, posiekana

1 ząbek czosnku, drobno posiekany

8 uncji mielonej wołowiny

8 uncji włoskich kiełbasek wieprzowych, obranych i posiekanych

2 funty świeżych pomidorów, obranych, pozbawionych nasion i posiekanych lub 1 (28 uncji) puszka importowanych włoskich obranych pomidorów, posiekanych

1 szklanka groszku świeżego lub mrożonego

Świeżo zmielony czarny pieprz

1 funt perciatelli lub bucatini

12 uncji mozzarelli, posiekanej

1 szklanka świeżo startego caciocavallo lub Pecorino Romano

3 uncje salami, posiekane

2 łyżki posiekanej świeżej bazylii

2 jajka ugotowane na twardo, pokrojone w plasterki

1. Bakłażana pokroić wzdłuż na plasterki o grubości 1/4 cala. Plasterki obficie posyp solą i odłóż na durszlak, aby odciekły przez co najmniej 30 minut. Opłucz plastry i osusz.

2. Rozgrzej 1/4 cala oleju na dużej patelni na średnim ogniu. Smaż plasterki po kilka na raz, aż lekko się zarumienią po obu stronach, około 5 minut na stronę. Odsączyć na ręcznikach papierowych.

3. Do dużego rondla wlać olej. Dodaj cebulę i czosnek i smaż na średnim ogniu, często mieszając, aż cebula zmięknie, około 5 minut. Dodać mięso wołowe i kiełbasę. Gotuj, często mieszając, aż lekko się zrumieni, około 10 minut.

4. Dodać pomidory oraz sól i pieprz do smaku. Gotuj na małym ogniu 20 minut. Dodaj groszek i gotuj jeszcze 10 minut lub do momentu, aż sos zgęstnieje.

5. W dużym garnku zagotuj co najmniej 4 litry wody. Dodać 2 łyżki soli, następnie makaron. Dobrze wymieszać. Gotuj na dużym ogniu, często mieszając, aż makaron będzie miękki, ale nadal bardzo twardy. Odcedź makaron i włóż go z powrotem do garnka. Polej makaron sosem. Pozwól ostygnąć 5 minut.

6. Wyłóż 4-litrową żaroodporną miskę lub naczynie do pieczenia folią, dociskając ją gładko do boków. Posmaruj folię oliwą z

oliwek. Zaczynając od środka miski, ułóż połowę plastrów bakłażana, lekko nachodząc na siebie i zostawiając kilka plastrów na wierzchu.

7. Dodaj mozzarellę, starty ser, salami i bazylię na patelnię z makaronem i dobrze wymieszaj. Do przygotowanej miski dodać połowę makaronu, uważając, aby nie poruszyć bakłażana. Na makaronie ułóż plasterki jajek. Na wierzch połóż pozostały makaron i zarezerwowane plastry bakłażana. Lekko dociśnij.

8. Umieść ruszt na środku piekarnika. Rozgrzej piekarnik do 400°F. Piec 45 do 60 minut lub do momentu, aż będzie gorące w środku, 140°F mierzone na termometrze z odczytem natychmiastowym. (Dokładny czas pieczenia będzie zależał od średnicy miski.)

9. Odstaw timbale na 15 minut. Odwróć miskę na talerz do serwowania. Wyjmij miskę i delikatnie zdejmij folię. Natychmiast podawaj.

Pieczone Ziti

Ziti al Forno

Na 8 do 12 porcji

Pieczone dania z makaronu, takie jak to, są popularne w całych południowych Włoszech. W czasach, gdy w niewielu domach było piekarniki, patelnie z makaronem przynoszono do lokalnej piekarni, aby upiec je po tym, jak piekarz skończył wypiekać codzienny chleb.

4 filiżanki Neapolitański Ragù

Sól

1 funt ziti, penne lub rigatoni

1 funt ricotty w całości lub częściowo odtłuszczonej

1 szklanka świeżo startego sera Pecorino Romano lub Parmigiano-Reggiano

12 uncji świeżej mozzarelli, posiekanej lub rozdrobnionej

1. W razie potrzeby przygotuj szmatkę. Następnie zagotuj 4 litry wody w dużym garnku. Dodać 2 łyżki soli, następnie makaron. Dobrze wymieszać. Gotuj na dużym ogniu, często mieszając, aż będzie prawie miękka. Odcedź makaron.

2. W dużej misce wymieszaj makaron z 2 filiżankami szmatki, 1 filiżanką ricotty i połową startego sera. Pokrój kilka klopsików i kiełbasek ze szmatki i wymieszaj je z makaronem. (Pozostałe mięsa można podać jako drugie danie.)

3. Umieść ruszt na środku piekarnika. Rozgrzej piekarnik do 350°F. Rozłóż połowę ziti w naczyniu do pieczenia o wymiarach 13 × 9 × 2 cale. Na wierzchu rozłóż pozostałą ricottę. Posypać mozzarellą. Zalać 1 szklanką sosu. Na wierzch połóż resztę ziti i kolejną szklankę sosu. Posyp pozostałą 1/2 szklanki startego sera. Przykryj naczynie szczelnie folią.

4. Piecz ziti 45 minut. Odkryć i piec jeszcze 15–30 minut lub do momentu, aż ostrze cienkiego noża włożonego w środek będzie gorące, a sos zacznie bulgotać na brzegach. Studzimy 15 minut na metalowej kratce. Podawać na gorąco.

Sycylijski Pieczony Makaron

Pasta al Forno alla Siciliana

Na 12 porcji

Sycylijska rodzina mojego męża nie mogła się doczekać jedzenia tego makaronu na specjalne okazje, takie jak Boże Narodzenie i Wielkanoc. Była to specjalność jego babci, Adele Amico, która pochodziła z Palermo.

Anelliniego „małe krążki" to typowy kształt makaronu, ale znalezienie ich może być trudne. Dobrymi substytutami są Fusilli Lunghi, „długie fusilli" lub bucatini, grube spaghetti z dziurą w środku. To idealne danie na imprezę, ponieważ można je przygotować etapami lub całkowicie zmontować dzień wcześniej i służy tłumom.

Jeśli nie czujesz się komfortowo wyjmując makaron z formy, możesz go pokroić w kwadraty i podać bezpośrednio z patelni. Odpoczynek od 20 do 30 minut po upieczeniu pomaga makaronowi zachować swój kształt.

SOS

¼ szklanki oliwy z oliwek

1 średnia cebula, drobno posiekana

2 ząbki czosnku, drobno posiekane

¼ szklanki koncentratu pomidorowego

4 (28-uncjowe) puszki importowanych włoskich pomidorów bez skórki

Sól i świeżo zmielony czarny pieprz

¼ szklanki posiekanej świeżej bazylii

Pożywny

2 łyżki oliwy z oliwek

½ funta mielonej wołowiny

½ funta mielonej wieprzowiny

1 ząbek czosnku, bardzo drobno posiekany

Sól i świeżo zmielony czarny pieprz

1 szklanka groszku świeżego lub mrożonego

2 łyżki niesolonego masła, zmiękczonego

1 szklanka zwykłej, suchej bułki tartej

2 funty anellini lub perciatelli

Sól

½ szklanki świeżo startego Parmigiano-Reggiano

½ szklanki świeżo startego Pecorino Romano

1 szklanka importowanego provolonu, pokrojonego w kostkę

1. Przygotuj sos: Do dużego rondla wlej oliwę. Dodaj cebulę i czosnek. Gotuj na średnim ogniu przez 10 minut lub do momentu, aż cebula i czosnek będą miękkie i złociste. Wymieszaj koncentrat pomidorowy i gotuj 2 minuty.

2. Dodać pomidory i doprowadzić do wrzenia. Dodać sól i pieprz do smaku i gotować 1 godzinę lub do momentu, aż sos zgęstnieje, od czasu do czasu mieszając. Wymieszaj bazylię.

3. Przygotuj nadzienie: Rozgrzej olej na dużej patelni na średnim ogniu. Dodać mięso, czosnek oraz sól i pieprz do smaku. Gotuj 10 minut, mieszając, aby rozbić grudki. Gdy mięso się zrumieni, dodać dwie szklanki przygotowanego sosu pomidorowego. Doprowadź do wrzenia i gotuj, aż zgęstnieje, około 20 minut. Wymieszaj groszek. Niech lekko ostygnie.

4. Posmaruj masłem spód i boki formy do pieczenia o wymiarach 13 × 9 × 2 cale. Posmaruj patelnię bułką tartą, poklepując ją, aby się przykleiła.

5. Umieść ruszt na środku piekarnika. Rozgrzej piekarnik do 375°F. Zagotuj co najmniej 4 litry wody w każdym z dwóch dużych garnków. Do każdego garnka dodaj 3 łyżki soli, a następnie makaron. Dobrze wymieszać. Gotuj na dużym ogniu, często mieszając, aż makaron będzie miękki, ale lekko niedogotowany. Odcedź makaron i włóż go z powrotem do garnka. Wymieszaj makaron z 3 szklankami zwykłego sosu pomidorowego i startymi serami.

6. Ostrożnie nałóż połowę makaronu na przygotowaną patelnię, starając się nie uszkodzić bułki tartej. Rozłóż równomiernie nadzienie mięsne na makaronie. Na wierzchu rozłóż kostki sera. Na całość połóż resztę makaronu. Zawartość patelni spłaszczamy łyżką.

7. Przygotuj stojak do studzenia i dużą tacę lub deskę do krojenia wielkości patelni. Piec 60 do 90 minut lub do momentu, aż makaron się rozgrzeje i będzie chrupiący na wierzchu. Pozwól makaronowi ostygnąć na patelni na kratce przez 30 minut. Przesuń mały nóż po krawędziach patelni. Chroniąc dłonie rękawicami kuchennymi, przełóż makaron na blachę lub deskę do krojenia. Pokrój w kwadraty i podawaj na ciepło z pozostałym sosem pomidorowym.

Pieczony makaron Sophii Loren

Pasta al Forno alla Loren

Na 8 do 10 porcji

Aktorka Sophia Loren uwielbia gotować i napisała nawet książki kucharskie. Jej prawdziwe nazwisko to Scicolone, takie samo jak moje, chociaż moje imię pochodzi od mojego męża i jego sycylijskiej rodziny. Sophia pochodzi z Neapolu, podobnie jak moi dziadkowie, chociaż moje panieńskie nazwisko brzmiało Scotto. Często jestem pytany, czy jesteśmy spokrewnieni. Nie, choć podziwiam urodę i talent Sophii, zarówno jako aktorki, jak i kucharki.

Oto moja interpretacja przepisu na pieczony makaron, który kiedyś opisała jako ulubione danie towarzyskie. Jeśli przygotowałeś danie wcześniej i przechowywałeś je w lodówce, pamiętaj, aby dodać do czasu pieczenia co najmniej pół godziny.

4 filiżanki Sos w stylu bolońskim lub inny sos mięsno-pomidorowy

    4 filiżanki <u>Sos beszamelowy</u>

Sól

1/2 funta penne, ziti lub mostaccioli

1 szklanka świeżo startego Parmigiano-Reggiano

1. W razie potrzeby przygotuj dwa sosy. Następnie posmaruj masłem formę do pieczenia o wymiarach 13 × 9 × 2 cale.

2. W dużym garnku zagotuj co najmniej 4 litry wody. Dodać 2 łyżki soli, następnie makaron. Dobrze wymieszać. Gotuj na dużym ogniu, często mieszając, aż makaron będzie prawie miękki. Odcedź makaron.

3. Umieść ruszt na środku piekarnika. Rozgrzej piekarnik do 400°F. Odłożyć 1/4 szklanki sera. Makaron wymieszać z połową sosu bolońskiego. Na patelni rozłóż około 1/3 makaronu. Połóż łyżką około 1/3 sosu beszamelowego i sera. Kropka z dodatkowym sosem bolońskim.

4. Powtórz tę czynność, dodając jeszcze dwie warstwy, wykorzystując wszystkie składniki. Posypać zarezerwowanym serem.

5. Przykryj patelnię folią. Piec, aż zaczną bulgotać na brzegach, a ostrze cienkiego noża włożonego w środek będzie gorące, około 45 minut. Odkryj i piecz jeszcze 15 minut. Wyjmij makaron z piekarnika. Studzimy 15 minut na metalowej kratce. Podawać na gorąco.

Linguine z sosem małżowym

Linguine alle Vongole

Na 4 do 6 porcji

Używaj najmniejszych małży, jakie możesz znaleźć, na przykład małży manilskich lub małży małżowych. Sercówki nowozelandzkie stały się powszechnie dostępne w mojej okolicy i być może będą dostępne także w Twojej okolicy. Te również działają dobrze. Włosi używają vongole wielkości dziesięciocentówki, delikatnych małży o twardej skorupie z pięknymi zygzakowatymi znaczeniami. Albo te małże nie są zbyt piaszczyste, albo są dobrze oczyszczone przed ugotowaniem, ponieważ Włosi nie zawracają sobie głowy wyjmowaniem małży z muszli przed przygotowaniem sosu.

Linguine z sosem małżowym nie należy podawać z tartym serem.

3 funty małych małży w twardej skorupie lub sercówek nowozelandzkich, dobrze wyszorowanych

1/3 szklanki oliwy z oliwek z pierwszego tłoczenia plus trochę do skropienia

4 ząbki czosnku, drobno posiekane

2 łyżki posiekanej świeżej natki pietruszki płaskolistnej

Szczypta mielonej czerwonej papryki

1 funt linguine

Sól

1. Umieść małże w dużym garnku z 1/4 szklanki wody i postaw na średnim ogniu. Przykryj garnek i gotuj, aż płyn się zagotuje, a małże zaczną się otwierać. Otwarte małże wyjmij łyżką cedzakową i przełóż do miski. Kontynuuj gotowanie nieotwartych małży. Wyrzuć te, które nie chcą się otworzyć. Zarezerwuj soki z małży.

2. Pracując nad małą miską, aby zebrać sok, zeskrob małże z muszli i umieść je w innej misce. Cały płyn z garnka wlać do miski z sokami. Jeśli małże są piaszczyste, płucz je pojedynczo w soku z małży. Przelej płyn przez gęste sitko wyłożone gazą.

3. Wlać olej na patelnię wystarczająco dużą, aby pomieścić ugotowany makaron. Dodać czosnek, natkę pietruszki i posiekaną czerwoną paprykę. Gotuj na średnim ogniu, aż czosnek będzie złoty, około 2 minut. Dodaj sok z małży. Gotuj, aż płyn zredukuje się o połowę. Wmieszać małże. Gotuj jeszcze 1 minutę.

4. W międzyczasie zagotuj co najmniej 4 litry wody w dużym garnku. Dodać 2 łyżki soli, następnie linguine, delikatnie dociskając, aż makaron całkowicie pokryje się wodą. Dobrze wymieszać. Gotuj, często mieszając, aż linguine będzie al dente, miękkie, ale nadal twarde. Odcedzić makaron.

5. Przełożyć makaron na patelnię z sosem i dobrze wymieszać na dużym ogniu. Dodaj odrobinę oliwy z oliwek z pierwszego tłoczenia i ponownie wymieszaj. Natychmiast podawaj.

Toskańskie spaghetti z małżami

Spaghetti alla Viareggina

Na 4 do 6 porcji

Oto kolejna wersja spaghetti z małżami przyrządzanego w Viareggio na wybrzeżu Toskanii. Cebula, wino i pomidory nadają sosowi bardziej złożony smak.

3 funty małych małży w twardej skorupie lub sercówek nowozelandzkich, dobrze wyszorowanych

Sól

1/3 szklanki oliwy z oliwek

1 mała cebula, drobno posiekana

2 ząbki czosnku, drobno posiekane

Szczypta mielonej czerwonej papryki

1 1/2 szklanki obranych, wypestkowanych i posiekanych świeżych pomidorów lub odsączonych i posiekanych importowanych włoskich pomidorów z puszki

1/2 szklanki wytrawnego białego wina

2 łyżki posiekanej świeżej natki pietruszki płaskolistnej

1 funtowe spaghetti lub linguine

1. Umieść małże w dużym garnku z 1/4 szklanki wody i postaw na średnim ogniu. Przykryj garnek i gotuj, aż płyn się zagotuje, a małże zaczną się otwierać. Otwarte małże wyjmij łyżką cedzakową i przełóż do miski. Kontynuuj gotowanie nieotwartych małży. Wyrzuć te, które się nie otwierają.

2. Pracując nad małą miską, aby zebrać sok, zeskrob małże z muszli i umieść je w innej misce. Cały płyn z garnka wlać do miski z sokami. Jeśli małże są piaszczyste, płucz je pojedynczo w soku z małży. Przelej płyn przez gęste sitko wyłożone gazą.

3. Do dużego rondla wlać olej. Dodaj cebulę i smaż, często mieszając, na średnim ogniu, aż cebula stanie się złota, około 10 minut. Dodaj czosnek i pokruszoną czerwoną paprykę i smaż jeszcze 2 minuty.

4. Dodaj pomidory, wino i przecedzony sok z małży. Gotować 20 minut lub do momentu, aż sos zredukuje się i zgęstnieje.

5. W dużym garnku zagotuj co najmniej 4 litry wody. Dodaj 2 łyżki soli, następnie makaron, delikatnie go dociskając, aż makaron będzie całkowicie pokryty wodą. Dobrze wymieszać. Gotuj na

dużym ogniu, często mieszając, aż makaron będzie al dente, miękki, ale wciąż mocny. Odlać część wody z gotowania. Odcedzić makaron.

6. Wmieszaj małże i pietruszkę do sosu. W razie potrzeby dodać trochę wody. W rozgrzanej misce wymieszaj sos i makaron. Natychmiast podawaj.

Linguine z anchois i pikantnym sosem pomidorowym

Linguine alla Puttanesca

Na 4 do 6 porcji

Typowym wyjaśnieniem włoskiej nazwy tego smacznego sosu jest to, że wymyślili go rzymscy lub neapolitańscy przechodnie, którzy nie mieli czasu na gotowanie, ale chcieli gorącego, smacznego posiłku.

1/4 szklanki oliwy z oliwek

3 ząbki czosnku, bardzo drobno posiekane

Szczypta mielonej czerwonej papryki

1 (28 uncji) puszka importowanych włoskich pomidorów obranych, odsączonych i posiekanych

Sól

6 filetów anchois, posiekanych

1/2 szklanki posiekanej Gaety lub innych łagodnych czarnych oliwek

2 łyżki posiekanych, opłukanych kaparów

2 łyżki posiekanej świeżej natki pietruszki płaskolistnej

1 funt linguine lub spaghetti

1. Wlać olej na patelnię wystarczająco dużą, aby zmieścił się w niej cały ugotowany makaron. Dodaj czosnek i posiekaną czerwoną paprykę. Gotuj, aż czosnek będzie złoty, około 2 minut.

2. Dodać pomidory i szczyptę soli. Doprowadzić do wrzenia i gotować 15 do 20 minut lub do momentu, aż sos zgęstnieje.

3. Dodaj anchois, oliwki i kapary i gotuj jeszcze przez 2 do 3 minut. Wymieszaj natkę pietruszki.

4. W dużym garnku zagotuj co najmniej 4 litry wody. Dodać linguine i sól do smaku. Delikatnie dociśnij makaron, aż będzie całkowicie pokryty wodą. Gotuj, często mieszając, aż makaron będzie al dente, miękki, ale wciąż mocny. Odlać część wody z gotowania. Odcedzić makaron.

5. Na patelnię z sosem dodajemy makaron. Mieszaj przez 1 minutę na dużym ogniu, w razie potrzeby dodając trochę wody z gotowania. Natychmiast podawaj.

Linguine z Krabem i Małymi Pomidorami

Linguine al Granchio

Na 4 do 6 porcji

W Neapolu maleńkie suszone chili dodają smaku wielu sosom z owoców morza, ale używaj oszczędnie ostrej czerwonej papryki, ponieważ może ona przyćmić delikatność mięsa kraba. To samo dotyczy czosnku, który w tym przepisie służy wyłącznie do nadania smaku olejowi kuchennemu, a następnie jest usuwany przed dodaniem pomidorów i krabów.

⅓ szklanki oliwy z oliwek

3 duże ząbki czosnku, zmiażdżone

Szczypta mielonej czerwonej papryki

2 litry pomidorów wiśniowych lub winogronowych, przekrojonych na połówki lub ćwiartki, jeśli są duże

Sól i świeżo zmielony czarny pieprz

8 uncji świeżego mięsa krabowego w kawałkach, zebranego w celu usunięcia kawałków skorupy lub posiekanego gotowanego homara

8 świeżych liści bazylii, porwanych na kawałki

1 funt linguine

1. Na dużą patelnię wlać olej. Dodaj ząbki czosnku i czerwoną paprykę i smaż na średnim ogniu, naciskając czosnek raz lub dwa razy grzbietem łyżki, aż czosnek będzie głęboko złoty, około 4 minut. Usuń czosnek łyżką cedzakową.

2. Dodać pomidory oraz sól i pieprz do smaku. Gotuj, często mieszając, aż pomidory zmiękną i puszczą sok, około 10 minut.

3. Delikatnie wymieszaj kraba i bazylię. Zdjąć z ognia.

4. W dużym garnku zagotuj co najmniej 4 litry wody. Dodaj 2 łyżki soli, następnie makaron, delikatnie go dociskając, aż makaron będzie całkowicie pokryty wodą. Dobrze wymieszać. Gotuj na dużym ogniu, często mieszając, aż linguine będzie al dente, miękkie, ale nadal twarde.

5. Odcedzić makaron, zachowując trochę wody z gotowania. Na patelnię z sosem wrzucamy makaron, dodając trochę wody jeśli wydaje się suchy. Smażyć na dużym ogniu 1 minutę. Natychmiast podawaj.

Linguine z mieszanym sosem z owoców morza

Linguine ai Frutti di Mare

Na 4 do 6 porcji

Słodkie małe pomidorki winogronowe są pełne smaku jak pomodorini della collina, małe pomidorki rosnące na wzgórzach, uprawiane w okolicach Neapolu. Jeśli pomidory winogronowe nie są dostępne, użyj zamiast nich pomidorków koktajlowych lub posiekanych świeżych pomidorów śliwkowych.

Sos ten można przygotować w krótkim czasie potrzebnym do ugotowania makaronu. Aby mieć pewność, że nic się nie rozgotuje, przed rozpoczęciem przygotuj wszystkie składniki i potrzebny sprzęt. Aby zaoszczędzić czas i wysiłek, możesz użyć wstępnie przyciętych krążków kalmarów (kałamarnic).

1 funt oczyszczonych kalmarów (kałamarnica)

6 łyżek oliwy z oliwek z pierwszego tłoczenia plus więcej do skropienia

Sól

1 funt średnich krewetek, łuskanych i oczyszczonych

2 duże ząbki czosnku, bardzo drobno posiekane

¼ szklanki posiekanej świeżej pietruszki płaskolistnej

Szczypta mielonej czerwonej papryki

1 litr winogron lub pomidorków koktajlowych, przekrojonych na pół

1 funt małych małży lub małży w twardej skorupie, oczyszczonych i łuskanych zgodnie z instrukcjami w krokach 1 i 2Linguine z sosem małżowym, w tym sok

1 funt linguine lub cienkie spaghetti

1. Pokrój ciała kalmarów w 1/2-calowe pierścienie, a podstawę macek na pół w poprzek. Krewetki pokroić na 1/2-calowe kawałki. Wytrzyj owoce morza do sucha.

2. Na patelni wystarczająco dużej, aby pomieścić wszystkie składniki, rozgrzej 4 łyżki oleju na średnim ogniu. Dodaj kalmary i sól do smaku. Gotuj, często mieszając, aż kalmary staną się nieprzezroczyste, około 2 minut. Wydrąż kalmary łyżką cedzakową i przełóż na talerz. Na patelnię dodaj krewetki i sól do smaku. Gotuj, mieszając, aż krewetki będą różowe, około 1 minuty. Krewetki przełożyć na talerz z kalmarami.

3. Na patelnię dodaj pozostałe 2 łyżki oliwy, czosnek, pietruszkę i czerwoną paprykę. Gotuj, mieszając, aż czosnek będzie złoty, około 2 minut. Dodaj pomidory i sok z małży. Gotuj 5 minut lub

do momentu, aż pomidory będą miękkie. Wymieszaj kalmary, krewetki i małże.

4. W dużym garnku zagotuj co najmniej 4 litry wody. Dodaj 2 łyżki soli, następnie makaron, delikatnie go dociskając, aż makaron będzie całkowicie pokryty wodą. Dobrze wymieszać. Gotuj na dużym ogniu, często mieszając, aż makaron będzie al dente, miękki, ale wciąż mocny. Odcedzić makaron, zachowując część wody z gotowania.

5. Dodajemy makaron na patelnię z owocami morza. Gotuj na dużym ogniu, mieszając makaron z sosem, przez 30 sekund. W razie potrzeby dodaj trochę wody z gotowania. Skropić oliwą z oliwek z pierwszego tłoczenia i ponownie wymieszać. Podawać na gorąco.

Cienkie Spaghetti z Bottargą

Spaghettini z Bottargą

Na 4 do 6 porcji

Bottarga to suszona, solona ikra barweny, tuńczyka lub innej ryby. Większość pochodzi z Sardynii lub Sycylii. Na wielu targach z owocami morza i w sklepach dla smakoszy jest sprzedawany w całości w lodówce, pokrojony lub starty za pomocą obieraczki do warzyw lub tarki do sera. Istnieje również wersja suszona, sproszkowana, sprzedawana w słoikach. Jest to wygodne, ale wolę wersję chłodzoną. Smak bottargi plasuje się gdzieś pomiędzy smakiem kawioru i najwyższej jakości sardeli.

⅓ szklanki oliwy z oliwek z pierwszego tłoczenia

2 ząbki czosnku, drobno posiekane

2 łyżki posiekanej świeżej natki pietruszki płaskolistnej

Szczypta mielonej czerwonej papryki

Sól

1 funt cienkiego spaghetti

3 do 4 łyżek ogolonej lub startej bottargi

1. Wlać oliwę na patelnię wystarczająco dużą, aby zmieścił się w niej cały makaron. Dodać czosnek, natkę pietruszki i pieprz. Gotuj na średnim ogniu, aż czosnek będzie złoty, około 2 minut.

2. W dużym garnku zagotuj co najmniej 4 litry wody. Dodać 2 łyżki soli, następnie makaron. Dobrze wymieszaj, delikatnie dociskając makaron, aż będzie całkowicie pokryty wodą. Gotuj na dużym ogniu, często mieszając, aż makaron będzie al dente, miękki, ale wciąż mocny. Odcedzić makaron, zachowując część wody z gotowania.

3. Dodaj makaron na patelnię i dobrze wymieszaj przez 1 minutę na dużym ogniu. W razie potrzeby dodaj trochę wody z gotowania. Posypać bottargą i ponownie wymieszać. Natychmiast podawaj.

Weneckie spaghetti pełnoziarniste w sosie anchois

Bigoli w salsie

Na 4 do 6 porcji

W Wenecji gęste pełnoziarniste spaghetti robi się ręcznie za pomocą specjalnego urządzenia zwanego torchio, które działa podobnie jak maszynka do mięsa. Ciasto jest przeciskane przez małe otwory w torchio i wychodzi w postaci długich pasm. W tym przepisie, będącym weneckim klasykiem, używam suszonego pełnoziarnistego spaghetti.

¼ szklanki oliwy z oliwek

2 średnie czerwone cebule, przekrojone na pół i pokrojone w cienkie plasterki

½ szklanki wytrawnego białego wina

1 (3-uncjowy) słoik filetów z sardeli

Sól

1 funt pełnoziarnistego spaghetti

Świeżo zmielony czarny pieprz

1. Wlać oliwę na patelnię wystarczająco dużą, aby zmieścił się w niej cały makaron. Dodaj cebulę i smaż na średnim ogniu, aż cebula stanie się złota, około 10 minut. Dodaj wino i gotuj, często mieszając, aż cebula będzie miękka, ale nie rumiana, jeszcze około 15 minut.

2. Odcedzić anchois, zachowując olej. Dodaj anchois na patelnię i wymieszaj. Gotuj jeszcze 10 minut, często mieszając, aż anchois się rozpuszczą.

3. W dużym garnku zagotuj co najmniej 4 litry wody. Dodać 2 łyżki soli, następnie makaron. Dobrze wymieszaj, delikatnie dociskając makaron, aż będzie całkowicie pokryty wodą. Gotuj na dużym ogniu, często mieszając, aż makaron będzie al dente, miękki, ale wciąż mocny. Odlać część wody z gotowania. Odcedzić makaron.

4. Na patelnię z sosem dodaj makaron i mieszaj przez 1 minutę na dużym ogniu, w razie potrzeby dodając trochę wody. W razie potrzeby skrop odrobiną zarezerwowanej oliwy z sardeli i posyp świeżo zmielonym pieprzem. Natychmiast podawaj.

Spaghetti w stylu Capri

Spaghetti alla caprese

Na 4 do 6 porcji

Rybę i ser rzadko łączy się we Włoszech, gdyż ostrość sera może przyćmić delikatność ryby. Ale od każdej reguły jest wyjątek. Oto makaron z wyspy Capri, który łączy w sobie dwa rodzaje ryb z mozzarellą. Smaki działają, ponieważ ser jest łagodny i bogaty, a jednocześnie łatwo dominuje w nim anchois i tuńczyk.

1/3 szklanki oliwy z oliwek

2 szklanki obranych, wypestkowanych i posiekanych świeżych pomidorów lub odsączonych i posiekanych importowanych włoskich pomidorów z puszki

Sól

4 filety z anchois, posiekane

1 (7 uncji) puszka tuńczyka w oliwie z oliwek, odsączona i posiekana

12 Gaeta lub inne łagodne czarne oliwki, wypestkowane i posiekane

Świeżo zmielony czarny pieprz

1 funt spaghetti

Sól

4 uncje świeżej mozzarelli, pokrojonej w kostkę

1. Na patelni wystarczająco dużej, aby pomieścić ugotowany makaron, rozgrzej oliwę z oliwek na średnim ogniu. Dodaj pomidory i sól do smaku. Gotuj, mieszając od czasu do czasu, 10 do 15 minut lub do momentu, aż sok pomidorowy odparuje. Wyłącz ogrzewanie.

2. Posiekane składniki wmieszać do sosu pomidorowego. Dodaj pieprz do smaku.

3. W dużym garnku zagotuj co najmniej 4 litry wody. Dodać 2 łyżki soli, następnie makaron. Dobrze wymieszaj, delikatnie dociskając makaron, aż będzie całkowicie pokryty wodą. Gotuj na dużym ogniu, często mieszając, aż makaron będzie al dente, miękki, ale wciąż mocny. Odcedzić makaron, zachowując część wody z gotowania.

4. Dodaj makaron na patelnię z sosem i dobrze wymieszaj przez 1 minutę na średnim ogniu. Jeśli makaron wydaje się suchy, dodaj trochę wody. Dodać mozzarellę i ponownie wymieszać. Natychmiast podawaj.

Linguine z Krewetkami, Po Wenecku

Linguine al Gamberi alla Veneta

Na 6 porcji

Być może dlatego, że ich miasto było kiedyś głównym portem handlowym ze Wschodem, weneccy kucharze zawsze byli otwarci na eksperymenty. Na przykład to linguine jest aromatyzowane plasterkiem świeżego imbiru, który nie jest często używany w kuchni włoskiej, ale doskonale komponuje się z krewetkami.

1/2 funta dużych krewetek, łuskanych i oczyszczonych

½ szklanki oliwy z oliwek

3 ząbki czosnku, drobno posiekane

1 Kawałek świeżego imbiru o grubości /4 cala, obrany

Szczypta mielonej czerwonej papryki

Sól dla smaku

1 łyżka świeżego soku z cytryny

1 szklanka wytrawnego białego wina

2 łyżki posiekanej świeżej natki pietruszki płaskolistnej

1 funt linguine

1. Opłucz krewetki i osusz je. Pokrój każdą krewetkę na 1/2-calowe kawałki.

2. Wlać olej na patelnię wystarczająco dużą, aby zmieścił się w niej cały ugotowany makaron. Dodać czosnek, imbir i posiekaną czerwoną paprykę. Gotuj na średnim ogniu, aż czosnek będzie złoty, około 2 minut. Dodaj krewetki i dużą szczyptę soli. Gotuj, mieszając, aż krewetki będą ugotowane, około 2 minut. Dodać sok z cytryny i wino i doprowadzić do wrzenia. Gotuj 2 minuty. Wymieszaj natkę pietruszki. Zdjąć z ognia.

3. W dużym garnku zagotuj co najmniej 4 litry wody. Dodać 2 łyżki soli, następnie makaron. Dobrze wymieszaj, delikatnie dociskając makaron, aż będzie całkowicie pokryty wodą. Gotuj na dużym ogniu, często mieszając, aż makaron będzie al dente, miękki, ale wciąż mocny. Odcedzić makaron, zachowując część wody z gotowania.

4. Dodaj makaron na patelnię i smaż na dużym ogniu przez 1 minutę, aż dobrze się wymiesza. W razie potrzeby dodaj trochę wody z gotowania. Usuń imbir. Natychmiast podawaj.

Makaron Z Sardynkami I Koprem Włoskim

Makaron z Sarde

Na 6 porcji

Sycylijczycy są pasjonatami tego dania, a każdy kucharz twierdzi, że ma najlepszy i najbardziej autentyczny przepis. Niektórzy dodają pomidory, a niektórzy duszą sardynki z koprem włoskim, ale ja wolę tę metodę gotowania sardynek osobno i układania ich warstwami z makaronem, a pomidory zachowując do innego przepisu.

Koper włoski rośnie dziko na całej Sycylii, a do produkcji tego makaronu wykorzystuje się zielone liście. Koper uprawny nie ma tego samego smaku, ale koper dziki nie jest tu powszechnie dostępny. Używam połączenia świeżego koperku i kopru uprawnego, aby przybliżyć smak tego klasycznego sycylijskiego dania. Odpowiednią posypką będzie tostowa bułka tarta, a nie ser.

2 średnie bulwy kopru włoskiego, przycięte i pokrojone w plasterki

1 szklanka posiekanego świeżego koperku

½ łyżeczki nitek szafranu

½ szklanki plus 1 łyżka oliwy z oliwek

¼ szklanki zwykłej, suchej bułki tartej

1 funt świeżych sardynek, oczyszczonych i filetowanych (patrz Uwaga)

Sól i świeżo zmielony czarny pieprz

1 duża cebula, posiekana

6 filetów z anchois

½ szklanki suszonych porzeczek

½ szklanki orzeszków piniowych

1 funt perciatelli lub bucatini

1. W dużym garnku zagotuj co najmniej 4 litry wody. Dodaj koper włoski i koperek i gotuj do miękkości po nakłuciu widelcem, około 10 minut. Łyżką cedzakową wydrąż koper i koper, zachowując wodę z gotowania. Koper włoski i koperek ostudź, a następnie drobno posiekaj. W małej misce namocz nitki szafranu w 2 łyżkach wody z kopru włoskiego.

2. Na małej patelni rozgrzej 1 łyżkę oleju na średnim ogniu i smaż bułkę tartą, ciągle mieszając, aż do zarumienienia, około 5 minut.

3. Na dużej patelni rozgrzej 1/4 szklanki oleju. Smaż sardynki przekrojoną stroną do dołu na oleju, aż będą ugotowane, około 1 minuty z każdej strony. Posypać solą i pieprzem. Przełóż sardynki na talerz.

4. Wytrzyj patelnię. Na patelnię wlej pozostałą 1/4 szklanki oleju. Dodaj cebulę i smaż na średnim ogniu na złoty kolor, około 10 minut. Dodać anchois, porzeczki, orzeszki piniowe, szafran oraz sól i pieprz do smaku. Gotuj, często mieszając, 10 minut.

5. Do cebuli dodać koper włoski i koperek, zalać szklanką wody z gotowania. Gotuj, mieszając, 10 minut.

6. Dodaj więcej wody do garnka, aby równało się 4 litrom wody do gotowania makaronu. Doprowadź wodę do wrzenia. Dodać 2 łyżki soli, następnie makaron. Dobrze wymieszaj, delikatnie dociskając makaron, aż będzie całkowicie pokryty wodą. Gotuj na dużym ogniu, często mieszając, aż makaron będzie al dente, miękki, ale wciąż mocny. Odcedzić makaron.

7. Przełóż makaron na patelnię z mieszanką kopru włoskiego i dobrze wymieszaj. Połowę makaronu przełóż do ciepłej miski. Ułóż warstwę połówek sardynek. Dodaj pozostały makaron. Posyp bułką tartą i połóż sardynki. Natychmiast podawaj.

Penne z Cukinią, Miecznikiem i Ziołami

Penne con Cukinia i Pesce Spada

Na 4 do 6 porcji

Inspiracją dla tego makaronu był makaron, który widziałam w ulubionym włoskim magazynie kulinarnym A Tavola („przy stole"), w opowieści o gotowaniu w domku na plaży. Skórka i zioła sprawiają, że danie jest lekkie i świeże. Jest idealny na letni dzień – nawet jeśli nie jesteś na plaży – podawany z sałatką pomidorową.

¼ szklanki oliwy z oliwek

12 uncji miecznika, przyciętego i pokrojonego w 1/2-calową kostkę

Sól i świeżo zmielony czarny pieprz

4 do 6 małych cukinii, około 1 funta, pokrojonych na 1/2-calowe kawałki

4 zielone cebule, posiekane

2 łyżki posiekanego świeżego rozmarynu

2 łyżki posiekanego świeżego szczypiorku

1 łyżka posiekanej świeżej mięty

½ łyżeczki suszonego oregano, pokruszonego

½ łyżeczki startej skórki z cytryny

1 funt penne

1. Na dużej patelni rozgrzej 1 łyżkę oleju na średnim ogniu. Dodaj miecznika i gotuj, aż ryba straci różowy kolor, około 5 minut. Wyjmij miecznika i przełóż go na talerz. Posypać solą i pieprzem.

2. Dodaj pozostałe 3 łyżki oleju na patelnię i podgrzej na średnim ogniu. Dodaj cukinię, zieloną cebulę i sól do smaku. Gotuj, często mieszając, aż cukinia będzie miękka, około 10 minut.

3. Włóż ponownie miecznika na patelnię. Wymieszaj zioła i skórkę z cytryny i zdejmij z ognia.

4. W dużym garnku zagotuj co najmniej 4 litry wody. Dodać 2 łyżki soli, następnie makaron. Dobrze wymieszać. Gotuj na dużym ogniu, często mieszając, aż makaron będzie al dente, miękki, ale wciąż mocny. Odcedzić makaron, zachowując część wody z gotowania.

5. Dodaj makaron na patelnię i smaż na dużym ogniu przez 1 minutę, aż składniki się połączą. W razie potrzeby dodaj trochę zarezerwowanej wody z makaronu. Natychmiast podawaj.

Wigilijne Spaghetti z Baccalą

Spaghetti z bacalą

Na 6 porcji

Baccala jest ważną częścią menu składającego się wyłącznie z ryb, serwowanego w większości domów na południu Włoch w Wigilię Bożego Narodzenia. Przepis ten przekazała mi moja ciocia Millie Castagliola, której rodzina pochodziła z Sycylii. Ciocia Millie robi ten sam sos jako nadzienie do pizzy na podwójnym cieście.

1 funt sztokfisza lub baccali,

Sól

¼ szklanki oliwy z oliwek

2 średnie cebule, pokrojone w cienkie plasterki

2 żeberka selera, pokrojone w cienkie plasterki

2 ząbki czosnku, drobno posiekane

2 szklanki posiekanych, importowanych włoskich pomidorów z puszki z sokiem

Szczypta mielonej czerwonej papryki

½ szklanki pokrojonych w plasterki zielonych oliwek

2 łyżki kaparów, opłukanych i odsączonych

1 funtowe spaghetti lub linguine

Oliwa z oliwek z pierwszego tłoczenia

1. W szerokim rondlu zagotuj około 1 litra wody. Dodaj rybę i sól do smaku. Zmniejsz ogień do niskiego. Gotuj rybę do miękkości, około 10 minut. Wyjmij rybę łyżką cedzakową. Niech lekko ostygnie. Palcami usuń skórę i kości. Rybę pokroić na kawałki wielkości kęsa.

2. Do dużego rondla wlać olej. Dodaj cebulę i seler i gotuj na średnim ogniu, aż warzywa będą złote, około 15 minut. Dodaj czosnek i smaż jeszcze 2 minuty.

3. Dodaj pomidory i czerwoną paprykę. Gotuj, mieszając od czasu do czasu, aż sos będzie gęsty, 20 do 30 minut.

4. Dodaj rybę, oliwki i kapary i gotuj 10 minut. Spróbuj soli.

5. W dużym garnku zagotuj co najmniej 4 litry wody. Dodać 2 łyżki soli, następnie makaron. Dobrze wymieszaj, delikatnie dociskając makaron, aż będzie całkowicie pokryty wodą. Gotuj, często mieszając, aż makaron będzie al dente, miękki, ale wciąż

mocny. Odcedzić makaron, zachowując trochę wody z gotowania.

6. Na patelnię z sosem dodajemy makaron. Dobrze wymieszaj na średnim ogniu, w razie potrzeby dodając trochę wody z gotowania. Skropić odrobiną oliwy z oliwek z pierwszego tłoczenia i natychmiast podawać.

Linguine z pesto z tuńczyka

Linguine al Tonno

Na 4 do 6 porcji

Niegotowany sos do tego sycylijskiego makaronu jest podobny do pesto, ale aromatyzowany anchois. Tuż przed podaniem sos i makaron mieszamy z tuńczykiem z puszki.

1 szklanka ciasno upakowanych świeżych liści bazylii

¾ szklanki ciasno upakowanych świeżych liści pietruszki

⅓ szklanki orzeszków piniowych

2 średnie ząbki czosnku

1 (2 uncje) puszka filetów z sardeli, odsączonych

⅓ szklanki oliwy z oliwek z pierwszego tłoczenia

2 łyżki świeżego soku z cytryny

1 (7 uncji) puszka tuńczyka w oleju (najlepiej importowany tuńczyk włoski lub hiszpański w oliwie z oliwek)

Sól

1 funt linguine

1. W robocie kuchennym wyposażonym w stalowe ostrze posiekaj bazylię, pietruszkę, orzeszki piniowe i czosnek na drobne kawałki. Dodaj filety z sardeli, olej i sok z cytryny i zmiksuj na gładką masę.

2. W dużym garnku zagotuj co najmniej 4 litry wody. W międzyczasie w dużej misce rozgnieć tuńczyka widelcem. Wymieszaj sos.

3. Do wrzącej wody dodać 2 łyżki soli, następnie makaron. Dobrze wymieszaj, delikatnie dociskając makaron, aż będzie całkowicie pokryty wodą. Ugotuj makaron, często mieszając, aż będzie al dente, miękki, ale wciąż mocny. Odcedzić makaron, zachowując część wody z gotowania.

4. Makaron przełożyć do miski z sosem. Dodaj trochę wody z gotowania i dobrze wymieszaj. Natychmiast podawaj.

Zimny Makaron Z Konfetti Warzywnymi I Owocem Morza

Makaron Fredda z Verdure i Crostacei

Na 6 do 8 porcji

Głównym powodem, dla którego odwiedziłem Argentę, małe miasteczko w Emilii-Romanii podczas jednej z podróży do Włoch, była kolacja w znakomitej restauracji o nazwie Il Trigabolo. Restauracja jest już zamknięta, ale do dziś pamiętam swoją radość, kiedy podano mi orzeźwiający makaron na zimno, chrupiący z kawałkami posiekanych warzyw i owoców morza. Większość warzyw blanszuje się – to znaczy wrzuca się je do wrzącej wody, a następnie natychmiast umieszcza pod zimną wodą, aby przerwać gotowanie i je ostudzić. Chłodna woda nadaje im jasny kolor, a warzywa zachowują część swojej chrupkości.

Makaron płucze się w zimnej wodzie tylko w przypadku takiego przygotowania – gdy chcemy przerwać gotowanie i podać makaron na zimno.

1 duży, twardy, dojrzały pomidor, wydrążony i pokrojony w kostkę

½ funta gotowanych małych krewetek, pokrojonych na 1/4-calowe kawałki

1 szklanka posiekanego gotowanego homara lub 1/4 funta gotowanego mięsa krabowego, wybrane

¼ szklanki posiekanego świeżego szczypiorku

¼ szklanki posiekanej świeżej bazylii

¼ szklanki oliwy z oliwek z pierwszego tłoczenia plus trochę do skropienia

Gruba sól i świeżo zmielony czarny pieprz

1 funt cienkiego spaghetti

¾ szklanki bardzo drobno posiekanej czerwonej papryki

¾ szklanki bardzo drobno posiekanej żółtej papryki

¾ szklanki bardzo drobno posiekanej cukinii

2 małe marchewki, pokrojone w paski zapałek

1. W dużej misce wymieszaj pomidora z krewetkami, homarem, ziołami i oliwą z oliwek. Doprawić solą i pieprzem.

2. W dużym garnku zagotuj co najmniej 4 litry wody. Dodaj 2 łyżki soli, następnie spaghetti. Dobrze wymieszaj, delikatnie dociskając makaron, aż będzie całkowicie pokryty wodą. Gotuj na dużym ogniu, często mieszając. Około 30 sekund przed ugotowaniem makaronu dodaj paprykę, cukinię i marchewkę.

Dobrze wymieszać. Gdy makaron będzie al dente, miękki, ale wciąż twardy w dotyku, odcedź go wraz z warzywami do dużego durszlaka umieszczonego w zlewie. Warzywa będą tylko lekko zwiędnięte.

3. Opłucz makaron i warzywa pod chłodną bieżącą wodą. Dobrze odcedź.

4. Dodaj makaron do mieszanki pomidorów i owoców morza. Dobrze rzuć. Skropić dodatkową ilością oleju i ponownie wymieszać. Natychmiast podawaj.

Świeży Makaron Jajeczny

Makaron al Uovo

Daje około 1 funta

Oto podstawowe, uniwersalne ciasto na makaron, którego używam do fettuccine, lasagne i ravioli. Ciasto można wyrobić ręcznie, w robocie kuchennym lub w mocnym mikserze, a także rozwałkować na desce za pomocą wałka do ciasta lub w maszynce do zwijania makaronu. Jeśli nigdy wcześniej nie robiłeś makaronu, przeczytaj przepis przed rozpoczęciem. Najważniejsze jest odpowiednie zbilansowanie mąki i jajek, tak aby ciasto nie było klejące i suche. Ponieważ świeżość i wielkość jaj oraz rodzaj i wilgotność mąki różnią się nieznacznie, nie jest możliwe podanie dokładnych proporcji.

Przygotowanie świeżego makaronu jest tak proste, jak zrobienie każdego innego ciasta, ale wymaga trochę cierpliwości. Jeśli chcesz, zrób to wcześniej. Dobrze przechowuje się w chłodnej temperaturze pokojowej do tygodnia, można go też przechowywać w lodówce lub zamrozić. Niewielka ilość oliwy z oliwek pomaga utrzymać wilgotność ciasta podczas pracy.

Około 21/2 szklanki niebielonej mąki uniwersalnej

4 duże jajka, ubite

1 łyżeczka oliwy z oliwek (opcjonalnie, ale dobry pomysł, szczególnie do makaronów nadziewanych)

Ręczne przygotowanie ciasta

1. Na stolnicę lub dużą deskę do makaronu wsypać mąkę. Chropowata powierzchnia, taka jak drewno lub plastik, jest lepsza niż gładka, taka jak marmur lub granit. Widelcem zrób szeroki otwór na środku kopczyka. Do dołka wlać jajka oraz oliwę i zacząć mieszać jedną ręką, stopniowo dosypując trochę mąki ze środka dołka. Drugą ręką podeprzyj ścianę mąki otaczającą jajka, aby się nie rozsypały.

2. Gdy ciasto uformuje się w kulę i stanie się zbyt twarde, aby je wymieszać, po około 1 minucie odgarnij pozostałą mąkę na bok. Lekko posyp ręce mąką i zacznij wyrabiać. Odepchnij ciasto wierzchołkami dłoni i pociągnij je z powrotem do siebie opuszkami palców. Podczas tej czynności obracaj ciasto, aby równomiernie się ugniatało. Kontynuuj ugniatanie, stopniowo dodając resztę mąki, aż kula stanie się nieco gładka, wilgotna i tylko lekko lepka, około 3 minut. Dodaj tylko tyle mąki, aby utworzyć zwartą kulę ciasta, w przeciwnym razie może stać się zbyt suche.

3. Ciasto odstawić na chwilę i przykryć odwróconą miską. Umyj i osusz ręce, aby usunąć stwardniałe resztki ciasta. Zeskrob powierzchnię do ugniatania plastikowym lub metalowym skrobakiem do ciasta lub szpatułką, aby usunąć stwardniałe kawałki ciasta i nadmiar mąki, która może później spowodować grudki. Wyrzuć resztki.

4. Lekko posyp ręce mąką. Kontynuuj wyrabianie ciasta, aż będzie gładkie i elastyczne, wilgotne, ale nie lepkie, około 8 do 10 minut. W razie potrzeby dodać więcej mąki. Na cieście nie powinny pozostać smugi mąki, a kolor powinien być równomiernie żółty. Im bardziej ciasto będzie ugniatane, tym makaron będzie lżejszy i bardziej sprężysty, dlatego nie należy oszczędzać na wyrabianiu. Pracuj szybko, aby ciasto nie wyschło.

Wyrabianie ciasta za pomocą robota kuchennego lub miksera o dużej wytrzymałości

1. Wlać jajka i oliwę z oliwek do robota kuchennego wyposażonego w stalowe ostrze lub do miski wytrzymałego miksera elektrycznego wyposażonego w płaską ubijaczkę. Gdy maszyna działa, zacznij dodawać mąkę po łyżce na raz. Mieszaj, aż ciasto uformuje kulę i oczyści wnętrze miski, około 1 minuty.

Uszczypnij ciasto. Powinna być wilgotna, ale nie lepka i powinna być dość gładka. Jeśli nie, w razie potrzeby dodaj więcej mąki.

2.Ciasto wyłożyć na blat posypany mąką i wyrabiać przez 1 minutę, w razie potrzeby dodając więcej mąki, aż będzie zwarte, gładkie bez smug i wilgotne, ale nie lepkie.

> **Makaron Szpinakowy:** Makaron ze świeżym szpinakiem ma nie tylko jasnozielony kolor, ale także dobry smak. Aby zrobić makaron ze świeżym szpinakiem, użyj 3 szklanek mąki, 3 dużych jaj i 1 funta świeżego szpinaku, ugotowanego, wyciśniętego i bardzo drobno posiekanego (około 3/4 szklanki ugotowanego szpinaku). Połącz składniki jak na makaron ze świeżymi jajkami po lewej stronie. Na około 1/4 funta makaronu.

Pozwól ciastu odpocząć

Niezależnie od tego, czy robiłeś je ręcznie, czy maszynowo, przykryj ciasto odwróconą miską i odstaw na 30 minut lub do 2 godzin w temperaturze pokojowej.

Ręczne rozwałkowanie ciasta

1.Lekko oprósz mąką blat lub dużą deskę. Upewnij się, że powierzchnia jest idealnie płaska i nie jest wypaczona.

2.Ciasto pokroić na 2 części. Po odpoczynku może wydawać się wilgotniejsze, ponieważ jajka wchłonęły mąkę. Podczas pracy z jednym elementem zakryj resztę. Rękami uformuj z jednego kawałka ciasta dysk. Wybierz drewniany wałek do ciasta o długości co najmniej 24 cali i szerokości od 11/2 do 2 cali i lekko posyp go mąką. Umieść szpilkę na środku i odsuń ją od siebie w stronę krawędzi ciasta. Obróć ciasto o ćwierć obrotu, wyśrodkuj na nim szpilkę i jeszcze raz dociśnij w kierunku krawędzi. Powtórz tę czynność, obracając ciasto i rozwałkując je od środka, utrzymując okrągły kształt i równą grubość, aż ciasto osiągnie pożądaną cienkość. Od czasu do czasu przewracaj ciasto, żeby mieć pewność, że się nie przykleja. W razie potrzeby lekko podsypać mąką.

3. Pracuj szybko, aby ciasto nie wyschło. Jeżeli się rozerwie, należy je ścisnąć lub zakleić małym kawałkiem ciasta od krawędzi. Ciasto jest gotowe, gdy jest bardzo cienkie i widać przez nie rękę, gdy trzyma się je pod światło. W ten sam sposób rozwałkuj pozostałe ciasto. Pamiętaj, aby wszystkie kawałki ciasta miały jednakową grubość. Części często obracaj, aby się nie sklejały. Jeśli ciasto będzie używane do wyrobu makaronu nadziewanego, np. ravioli, powinno być przykryte, aby pozostało giętkie. Użyj go jak najszybciej.

4. Ciasto pokroić na żądany rozmiar i kształt, gdy jest jeszcze miękkie i giętkie. Zobacz różne przepisy na makarony w

sekcjach<u>świeży makaron</u>,<u>Lazania</u>, l<u>Nadziewany świeży makaron</u>instrukcje dotyczące krojenia i formowania ciasta.

Rozwałkowanie ciasta za pomocą maszyny do makaronu

1. Postępując zgodnie z instrukcjami producenta, przymocuj maszynę do makaronu do jednego końca dużego blatu lub solidnego stołu. Wałki ustaw w najszerszym miejscu i posyp je lekko mąką.

2. Ciasto pokroić na 4 do 6 kawałków. Po odpoczynku może wydawać się wilgotniejsze, ponieważ jajka wchłonęły mąkę. Podczas pracy z jednym elementem zakryj resztę. Spłaszczyć jeden kawałek ciasta na owalny dysk. Jedną ręką obracaj rączkę maszyny do makaronu, drugą zaś przeprowadzaj kawałek ciasta przez wałki. Jeśli ciasto się skleja lub rozrywa, podsyp je lekko mąką.

3. Wyjmij ciasto z maszyny i złóż je wzdłuż na trzy części. Ciasto ponownie przepuścić przez maszynę, w razie potrzeby podsypując mąką.

4. Zamknij lekko rolki, przesuwając pokrętło do następnego wycięcia. Przełóż ciasto przez wałki. Gdy ciasto wyrośnie, wyjmij je prosto, aby pozostało płaskie i nie marszczyło się. Nie składaj go.

5. Kontynuuj przepuszczanie ciasta przez maszynę, za każdym razem przesuwając pokrętło w górę o jeden stopień, aż do uzyskania pożądanej grubości. Będzie się to różnić w zależności od urządzenia, ale zwykle zatrzymuję się na przedostatnim ustawieniu w przypadku fettuccine i płaskiego makaronu oraz ostatnim nastawieniu w przypadku makaronu nadziewanego. Makaron powinien być na tyle cienki, aby widać było przez niego rękę i nie przedarł się. Nie ulegaj pokusie ponownego wałkowania skrawków ciasta. Utwardzone krawędzie mogą wbić się w maszynę i rozerwać makaron.

6. Połóż pasek ciasta na lekko posypanym mąką ręczniku kuchennym. W ten sam sposób rozwałkuj pozostałe ciasto. Pamiętaj, aby wszystkie paski miały jednakową grubość. Części często obracaj, aby się nie sklejały. Jeśli ciasto będzie używane do wyrobu makaronu nadziewanego, np. ravioli, powinno być przykryte, aby pozostało giętkie. Użyj go jak najszybciej.

7. Ciasto pokroić na żądany rozmiar i kształt, gdy jest jeszcze miękkie i giętkie. Zobacz różne przepisy na makarony w sekcjach[świeży makaron,Lazania, lNadziewany świeży makaron](i)nstrukcje dotyczące krojenia i formowania ciasta.

Robienie makaronu z makaronem

Lasagne, papardelle, fettuccine, tagliatelle i tagliarini to płaskie wstążki makaronu. Ich użycie zależy od rodzaju przygotowywanego sosu i preferencji regionalnych. Ogólnie rzecz biorąc, im jaśniejszy sos, tym węższy jest makaron.

1. Zrób makaron zgodnie z opisem [Świeży Makaron Jajeczny](#).

2. Pozostaw ciasto do wyschnięcia, aż stanie się lekko skórzaste, ale nadal giętkie, około 20 minut.

3. Jeśli używasz nasadki do krojenia maszyny do makaronu, postępuj zgodnie z instrukcjami producenta. Obracaj korbą jedną ręką, przepuszczając arkusz ciasta przez noże. Gdy ciasto wyrośnie, drugą ręką unieś je prosto, aby pasma nie zebrały się na blacie i nie pomarszczyły.

4. Jeśli pracujesz ręcznie, najpierw pokrój ciasto na kawałki o długości 5 cali w przypadku pappardelle i 10 cali w przypadku pozostałych makaronów. Luźno zwiń pasek ciasta. Za pomocą dużego, ciężkiego noża szefa kuchni pokrój zwinięty makaron w poprzek na paski o szerokości 3 cali w przypadku lasagne, 3/4 cala w przypadku papardelle, 1/3 cala w przypadku fettuccine, 1/4 cala w przypadku tagliatelle i 1/8 cala w przypadku tagliarini. Rozdziel paski i połóż je płasko na posypanej mąką

powierzchni do wyschnięcia na około 1 godzinę w temperaturze pokojowej.

Przechowywanie świeżego makaronu jajecznego

Świeży makaron można wykorzystać natychmiast, zamrozić lub pozostawić do całkowitego wyschnięcia. Aby zamrozić makaron, paski ułóż na blaszce lekko posypanej mąką, tak aby się nie stykały. Włóż blachy do pieczenia do zamrażarki. Gdy makaron stwardnieje, delikatnie zbierz go w pęczek i dobrze owiń warstwami plastikowego opakowania lub folii. Przechowywać w zamrażarce do jednego miesiąca.

Aby wysuszyć, połóż paski makaronu, nie dotykając, na blasze do pieczenia. Przykryj każdy arkusz lekkimi ręcznikami kuchennymi z tkaniny. Nie przykrywaj ich plastikiem ani folią, bo spleśniały. Pozostaw paski w temperaturze pokojowej na kilka dni, aż kawałki całkowicie wyschną i pękną po rozbiciu. Przechowywać w plastikowych torebkach w spiżarni, aż będą gotowe do użycia.

Fettuccine z masłem i parmigiano

Fettuccine al Burro

Na 4 do 6 porcji

Nawet najbardziej wybredne dzieci uwielbiają makaron ze świeżych jajek z masłem i serem. Należy pamiętać, że świeży makaron gotuje się szybko; jeśli odejdziesz, szybko zrobi się papkowato.

6 łyżek niesolonego masła

1 funt świeżej fettuccine

Sól

1 szklanka świeżo startego Parmigiano-Reggiano

Świeżo zmielony czarny pieprz

1. Rozpuść masło w małym rondlu i trzymaj w cieple.

2. Zagotuj co najmniej 4 litry wody. Dodaj makaron i sól do smaku. Dobrze wymieszać. Gotuj na dużym ogniu, często mieszając, aż makaron będzie al dente, miękki, ale mocny w dotyku. Odcedzić makaron, zachowując część wody z gotowania.

3. Wlać makaron do ciepłej miski. Dodać połowę sera i dobrze wymieszać. Jeśli makaron wydaje się suchy, dodaj masło i odrobinę wody z gotowania. Posypać pozostałym serem i ponownie wymieszać. W razie potrzeby posyp świeżo zmielonym pieprzem.

Fettuccine z masłem i serem

Fettuccine all'Alfredo

Na 6 do 8 porcji

Na początku lat 1910-tych Alfredo Di Lelio, którego rodzina była właścicielem trattorii w Rzymie, stworzył to bogate danie z makaronu składające się ze świeżego fettuccine, masła i parmigiano. Danie stało się tak popularne, że Alfredo wkrótce zaczął prowadzić większą, bardziej wyrafinowaną restaurację pod własnym nazwiskiem, w której przygotowywał makaron przy stole i podawał go gościom z wielkimi fanfarami oraz złotym widelcem i łyżką. Mówi się, że do wielu znanych bywalców restauracji należeli gwiazdy kina niemego, Douglas Fairbanks senior i jego żona Mary Pickford.

Przepis ten podarował mi Russell Bellanca, właściciel restauracji Alfredo The Original of Rome w Nowym Jorku i Epcot Center na Florydzie. Według Russella jest to przepis opracowany przez Alfredo Di Lelio. Jego syn, Alfredo II, podarował go ojcu Russella, który wiele lat temu był jego partnerem biznesowym. W Alfredo The Original makaron jest robiony ręcznie z mieszanki trzech różnych mąk i organicznych żółtek jaj, choć ja używam własnego, domowego makaronu.

Makaron podawaj w małych porcjach. Jest bardzo bogaty.

1 1/2 słupka (3/4 szklanki) niesolonego masła, w temperaturze pokojowej przez co najmniej 30 minut

1 szklanka świeżo startego Parmigiano-Reggiano i więcej do podania (opcjonalnie)

1 funt świeżej fettuccine

Sól

1. W dużej misce za pomocą miksera elektrycznego ubijaj masło z serem, aż powstanie gładki krem, około 2 minut.

2. Zagotuj co najmniej 4 litry wody. Dodaj makaron i sól do smaku. Dobrze wymieszać. Gotuj na dużym ogniu, często mieszając, aż makaron będzie al dente, miękki, ale wciąż mocny. Odcedzić makaron, zachowując trochę wody z gotowania. Wymieszaj makaron z masłem i serem oraz kilkoma łyżkami wody z gotowania.

3. W razie potrzeby podawaj natychmiast z dodatkowym serem.

Fettuccine Z Wiosną Warzywami

Fettuccine Primavera

Na 4 do 6 porcji

Podobno przepis ten wymyślono w restauracji Le Cirque w Nowym Jorku. Choć nigdy nie było go tam w karcie, stali bywalcy wiedzą, że w każdej chwili mogą o niego poprosić. Można użyć innych warzyw, takich jak papryka, fasolka szparagowa lub cukinia, więc możesz improwizować w zależności od tego, co masz pod ręką.

4 łyżki niesolonego masła

1/4 szklanki posiekanej szalotki

1 szklanka posiekanej marchewki

1 szklanka różyczek brokułów, pokrojona na kawałki wielkości kęsa

4 szparagi, przycięte i pokrojone na kawałki wielkości kęsa

1/2 szklanki świeżego lub mrożonego groszku

1 szklanka ciężkiej lub ubijanej śmietany

Sól i świeżo zmielony czarny pieprz

1 funt świeżej fettuccine

¾ szklanki świeżo startego Parmigiano-Reggiano

10 liści bazylii ułożonych w stosy i pokrojonych w cienkie wstążki

1. Na patelni wystarczająco dużej, aby pomieścić fettuccine, rozpuść masło na średnim ogniu. Dodaj szalotkę i marchewkę i gotuj, mieszając od czasu do czasu, przez pięć minut lub do momentu, aż zmiękną.

2. W dużym garnku zagotuj co najmniej 4 litry wody. Dodaj sól do smaku. Dodaj brokuły i szparagi i gotuj przez 1 minutę. Łyżką cedzakową wydrążyć warzywa i dobrze je odsączyć, zostawiając w garnku gotującą się wodę.

3. Na patelnię włóż brokuły i szparagi wraz z groszkiem i śmietaną. Doprowadzić do wrzenia. Doprawić do smaku solą i pieprzem. Zdjąć z ognia.

4. Do wrzącej wody włóż fettuccine i gotuj, często mieszając, aż makaron będzie al dente, miękki, ale nadal mocny przy kęsie. Odcedź fettuccine i dodaj na patelnię. Dodaj ser i dobrze wymieszaj. Posyp bazylią i od razu podawaj.

Fettuccine z kremem z gorgonzoli

Fettuccine z Crema di Gorgonzola

Na 4 do 6 porcji

Ze wszystkich serów pleśniowych produkowanych na całym świecie moim ulubionym jest gorgonzola. W tym celu do mleka krowiego zaszczepia się zarodniki penicyliny, które nadają serowi kolor i wyraźny smak. Nie jest zbyt ostry i pięknie się roztapia, dlatego idealnie nadaje się do sosów. Do tego przepisu użyj łagodnego rodzaju gorgonzoli.

2 łyżki niesolonego masła

8 uncji gorgonzoli dolce, bez skórki

1 szklanka ciężkiej lub ubijanej śmietany

Sól

1 funt świeżej fettuccine

Świeżo zmielony czarny pieprz

1/2 szklanki świeżo startego Parmigiano-Reggiano

1. W średnim rondlu rozpuść masło i dodaj gorgonzolę. Mieszać na małym ogniu, aż ser się rozpuści. Wymieszaj śmietanę. Doprowadzić sos do wrzenia i gotować 5 minut lub do momentu, aż sos lekko zgęstnieje.

2. Zagotuj co najmniej 4 litry wody. Dodaj makaron i sól do smaku. Dobrze wymieszać. Gotuj na dużym ogniu, często mieszając, aż makaron będzie al dente, miękki, ale wciąż mocny. Odcedzić makaron, zachowując część wody z gotowania.

3. W dużej, ciepłej misce wymieszaj makaron z sosem. Dodać Parmigiano i ponownie wymieszać. W razie potrzeby dodać trochę wody z gotowania, aby rozrzedzić makaron. Natychmiast podawaj.

Tagliarini z pesto, po genueńsku

Tagliarini al Pesto

Na 4 do 6 porcji

Wiosną w Ligurii cienkie nitki świeżego makaronu podawane są z pesto z dodatkiem smukłej fasolki szparagowej i pokrojonymi w plasterki młodymi ziemniakami. Warzywa niosą ze sobą smak pesto, zmniejszają jego bogactwo i dodają tekstury.

Słowo pesto oznacza utarte i istnieje kilka innych rodzajów sosów pesto, choć ten jest najbardziej znany.

1 szklanka pakowanych świeżych liści bazylii

1/2 szklanki świeżej pietruszki płaskolistnej

1/4 szklanki orzeszków piniowych

1 ząbek czosnku

Sól i świeżo zmielony czarny pieprz do smaku

1/3 szklanki oliwy z oliwek z pierwszego tłoczenia

1 szklanka świeżo startego Parmigiano-Reggiano lub Pecorino Romano

4 średnie, woskowate ziemniaki, obrane i pokrojone w cienkie plasterki

8 uncji cienkiej fasolki szparagowej, pokrojonej na 1-calowe odcinki

1 funt świeżego tagliarini lub fettuccine

2 łyżki niesolonego masła o temperaturze pokojowej

1. W robocie kuchennym lub blenderze wymieszaj bazylię, pietruszkę, orzeszki piniowe, czosnek i szczyptę soli. Posiekaj dobrze. Gdy maszyna pracuje, dodawaj olej ciągłym strumieniem i miksuj, aż masa będzie gładka. Wmieszać ser.

2. Zagotuj co najmniej 4 litry wody. Dodaj ziemniaki i zieloną fasolkę. Gotuj do miękkości, około 8 minut. Warzywa wydrążyć łyżką cedzakową. Umieść je w ogrzanej misce do serwowania. Przykryj i trzymaj w cieple.

3. Do wrzącej wody dodać makaron i dobrze wymieszać. Gotuj na dużym ogniu, często mieszając, aż makaron będzie al dente, miękki, ale wciąż mocny. Odcedzić makaron, zachowując część wody z gotowania.

4. Do miski z warzywami dodaj makaron, pesto i masło. Dokładnie wymieszaj, dodając trochę wody z gotowania, jeśli makaron wydaje się suchy. Natychmiast podawaj.

Fettuccine Z Karczochami

Fettuccine z Carciofi

Na 4 do 6 porcji

Wiosną na targowiskach w całym Rzymie pojawiają się wozy wypełnione karczochami. Ich długie łodygi i liście są nadal przyczepione, co zapobiega ich wysychaniu. Rzymscy kucharze wiedzą, że łodygi są równie smaczne jak serca karczochów. Wymagają jedynie obrania i można je ugotować razem z karczochami lub posiekać na farsz.

3 średnie karczochy

¼ szklanki oliwy z oliwek

1 mała cebula, drobno posiekana

¼ szklanki posiekanej świeżej pietruszki płaskolistnej

1 ząbek czosnku, drobno posiekany

Sól i świeżo zmielony czarny pieprz do smaku

½ szklanki wytrawnego białego wina

1 funt świeżej fettuccine

Oliwa z oliwek z pierwszego tłoczenia

1. Dużym, ostrym nożem odetnij górną część karczochów o długości od 1/2 do 3/4 cala. Opłucz karczochy pod zimną wodą, rozkładając liście. Unikaj małych kolców na pozostałych końcach liści. Odchyl się i odłam wszystkie ciemnozielone liście, aż dotrzesz do bladożółtego stożka delikatnych liści pośrodku karczocha. Obierz twardą zewnętrzną skórkę wokół podstawy i łodyg. Pozostaw łodygi przymocowane do podstawy; przyciąć końcówki łodyg. Karczochy przekroić wzdłuż na pół i łyżką wydrążyć puszyste dławiki. Karczochy pokroić w cienkie wzdłużne plasterki.

2. Do rondla wystarczająco dużego, aby zmieścił się ugotowany makaron, wlej olej. Dodaj cebulę, pietruszkę i czosnek i smaż na średnim ogniu, aż cebula będzie złocista, około 15 minut.

3. Dodać plasterki karczocha, wino oraz sól i pieprz do smaku. Przykryj i gotuj, aż karczochy będą miękkie po nakłuciu widelcem, około 10 minut.

4. Zagotuj co najmniej 4 litry wody. Dodać 2 łyżki soli, następnie makaron. Dobrze wymieszać. Gotuj na dużym ogniu, często mieszając, aż makaron będzie al dente, miękki, ale wciąż mocny.

Odcedzić makaron, zachowując część wody z gotowania. Dodaj makaron na patelnię z karczochami.

5. Dodaj odrobinę oliwy z oliwek z pierwszego tłoczenia i odrobinę wody pozostałej po gotowaniu, jeśli makaron wydaje się suchy. Dobrze rzuć. Natychmiast podawaj.

Fettuccine Z Filetami Pomidorowymi

Fettuccine al Filetto di Pomodoro

Na 4 do 6 porcji

Paski dojrzałych, obranych ze skórki pomidorów, gotowanych do miękkości, doskonale komponują się ze świeżym fettuccine. W tym łagodnym sosie pomidory zachowują cały swój słodki, świeży smak.

4 łyżki niesolonego masła

¼ szklanki drobno posiekanej cebuli

1 funt pomidorów śliwkowych, obranych, pozbawionych nasion i pokrojonych w 1/2-calowe paski

6 listków świeżej bazylii

Sól dla smaku

1 funt świeżej fettuccine

Świeżo starty Parmigiano-Reggiano

1. Na dużej patelni rozgrzej 3 łyżki masła na średnim ogniu, aż się rozpuści. Dodaj cebulę i smaż na złoty kolor, około 10 minut.

2. Dodaj filety pomidorowe, liście bazylii i kilka szczypt soli. Gotuj, aż pomidory będą miękkie, około 5 do 10 minut.

3. Zagotuj co najmniej 4 litry wody. Dodać 2 łyżki soli, następnie makaron. Dobrze wymieszać. Gotuj na dużym ogniu, często mieszając, aż makaron będzie al dente, miękki, ale wciąż mocny. Odcedzić makaron, zachowując część wody z gotowania.

4. Dodaj fettuccine na patelnię wraz z pozostałą 1 łyżką masła. Dobrze rzuć. Jeśli makaron wydaje się suchy, dodaj trochę wody z gotowania. Podawać natychmiast z serem.

Fettuccine z tysiącem ziół

Fettuccine alle Mille Erbe

Na 4 do 6 porcji

To jeden z moich ulubionych letnich makaronów, taki, który uwielbiam robić, gdy zioła w moim ogrodzie kwitną, a pomidory są idealnie dojrzałe. Przepis pochodzi z Locanda dell'Amorosa, restauracji i zajazdu zlokalizowanej w Sinalunga w Toskanii. Używano tam stracci, czyli „szorstkiego", kształtu makaronu podobnego do pappardelle, wycinanego karbowanym krążkiem cukierniczym, tak aby krawędzie były postrzępione. Fettuccine są dobrym substytutem.

Przygotowanie tego sosu wymaga dużo siekania, ale można to zrobić na długo przed podaniem. Nie zastępuj suszonych ziół świeżymi. Ich smak byłby w tym makaronie zbyt agresywny. Im więcej odmian ziół użyjesz, tym bardziej złożony będzie smak, ale nawet jeśli nie użyjesz wszystkich wymienionych odmian, nadal będzie pyszny.

¼ szklanki posiekanej włoskiej pietruszki

¼ szklanki posiekanej świeżej bazylii

¼ szklanki posiekanego świeżego estragonu

2 łyżki posiekanej świeżej mięty

2 łyżki posiekanego świeżego majeranku

2 łyżki posiekanego świeżego tymianku

8 świeżych liści szałwii, drobno posiekanych

1 gałązka świeżego rozmarynu, drobno posiekana

⅓ szklanki oliwy z oliwek z pierwszego tłoczenia

Sól i świeżo zmielony czarny pieprz

1 funt świeżej fettuccine

½ szklanki świeżo startego Pecorino Romano

2 średnio dojrzałe pomidory, obrane, pozbawione nasion i posiekane

1. W misce wystarczająco dużej, aby pomieścić wszystkie składniki, połącz zioła, oliwę z oliwek, sól i pieprz do smaku. Odłożyć na bok.

2. Zagotuj co najmniej 4 litry wody. Dodać 2 łyżki soli, następnie makaron. Dobrze wymieszać. Gotuj na dużym ogniu, często

mieszając, aż makaron będzie al dente, miękki, ale wciąż mocny. Odcedzić makaron, zachowując część wody z gotowania.

3. Dodaj makaron do miski z mieszanką ziół i dobrze wymieszaj. Dodać ser i ponownie wymieszać. Połóż pomidory na makaronie i natychmiast podawaj.

Fettuccine z kiełbasą i śmietaną

Fettuccine z salsiccią

Na 4 do 6 porcji

Pieczona czerwona papryka, kawałki kiełbasy i zielony groszek splatają się w kremowym fettuccine, aby uzyskać wspaniały smak w każdym kęsie według tego przepisu z Emilii-Romanii. Do tego przepisu spróbuj znaleźć mięsne kiełbaski wieprzowe bez dużej ilości przypraw.

8 uncji zwykłej włoskiej kiełbasy wieprzowej, bez osłonek

1 szklanka ciężkiej lub ubijanej śmietany

½ szklanki pokrojonej w kostkę, odsączonej, pieczonej czerwonej papryki

½ szklanki świeżego lub mrożonego drobnego groszku

1 łyżka posiekanej świeżej natki pietruszki płaskolistnej

Sól i świeżo zmielony czarny pieprz

1 funt świeżej fettuccine

½ szklanki świeżo startego Parmigiano-Reggiano

1. Rozgrzej dużą patelnię na średnim ogniu. Dodaj kiełbasę i gotuj, często mieszając, aby rozbić grudki, aż przestaną być różowe, około 5 minut. Mięso wyjmujemy na deskę do krojenia, pozostawiamy do ostygnięcia, a następnie drobno siekamy.

2. Wytrzyj patelnię. Na patelnię wlać śmietanę i posiekaną kiełbasę i doprowadzić do wrzenia. Wymieszaj pieczoną paprykę, groszek, natkę pietruszki oraz sól i pieprz do smaku. Gotuj 3 minuty lub do momentu, aż groszek będzie miękki. Wyłącz ogrzewanie.

3. Zagotuj co najmniej 4 litry wody. Dodać 2 łyżki soli, następnie makaron. Dobrze wymieszać. Gotuj na dużym ogniu, często mieszając, aż makaron będzie al dente, miękki, ale wciąż mocny. Odcedzić makaron, zachowując część wody z gotowania.

4. Na patelnię wrzucić makaron z sosem. Dodać ser i ponownie wymieszać. Jeśli to konieczne, dodaj trochę wody z gotowania. Natychmiast podawaj.

Zielony i biały makaron z kiełbasą i śmietaną

Paglia e Fieno

Na 4 do 6 porcji

Paglia e Fieno dosłownie tłumaczy się jako „słoma i siano", co w regionie Emilia-Romania jest kapryśną nazwą tego dania składającego się z ugotowanego razem cienkiego, zielonego i białego makaronu. Zazwyczaj polane są kremowym sosem kiełbasianym.

2 łyżki niesolonego masła

8 uncji zwykłej włoskiej kiełbasy wieprzowej, usunięte osłonki i drobno posiekane

1 szklanka gęstej śmietanki

½ szklanki świeżego lub mrożonego drobnego groszku

Sól

½ funta tagliarini ze świeżych jaj

½ funta tagliarini ze świeżego szpinaku

Świeżo zmielony czarny pieprz

½ szklanki świeżo startego Parmigiano-Reggiano

1. Na patelni wystarczająco dużej, aby pomieścić ugotowany makaron, rozpuść masło na średnim ogniu. Dodaj mięso z kiełbasy i gotuj, często mieszając, aż mięso przestanie być różowe, około 5 minut. Nie brązowić.

2. Dodajemy śmietanę i groszek i doprowadzamy do wrzenia. Gotuj 5 minut lub do momentu, aż krem lekko zgęstnieje. Zdjąć z ognia.

3. Zagotuj co najmniej 4 litry wody. Dodać 2 łyżki soli, następnie makaron. Dobrze wymieszać. Gotuj na dużym ogniu, często mieszając, aż makaron będzie al dente, miękki, ale wciąż mocny. Odcedzić makaron, zachowując część wody z gotowania.

4. Wmieszaj makaron do masy kiełbasowej. Dodaj obficie zmielony czarny pieprz i ser, dokładnie wymieszaj. Natychmiast podawaj.

Fettuccine z porami i Fontiną

Fettuccine con Porri e Fontina

Na 4 do 6 porcji

Najlepszy ser Fontina pochodzi z Doliny Aosty w północno-zachodnich Włoszech. Ma kremową konsystencję i ziemisty smak przypominający trufle. Jest to ser idealny do jedzenia, dobrze się topi.

4 średnie pory

½ szklanki wody

2 łyżki niesolonego masła

Sól

¾ szklanki gęstej śmietanki

4 uncje pokrojonego w plasterki importowanego włoskiego prosciutto, pokrojonego w poprzek w cienkie paski

Świeżo zmielony czarny pieprz

1 funt świeżej fettuccine

1 szklanka startego Fontina Valle d'Aosta lub Asiago

1. Odetnij zielone wierzchołki i końcówki porów. Przekrój je wzdłuż na pół i dobrze opłucz pod zimną bieżącą wodą, usuwając piasek spomiędzy warstw. Pory odcedzić i pokroić w cienkie poprzeczne plasterki. Powinno wyjść około 3 1/2 szklanki pokrojonych w plasterki porów.

2. Na patelni wystarczająco dużej, aby pomieścić makaron, połącz pory, wodę, masło i sól do smaku. Doprowadź wodę do wrzenia i gotuj na małym ogniu, aż pory będą miękkie i lekko przezroczyste, a większość płynu odparuje, około 30 minut.

3. Dodaj śmietanę i gotuj jeszcze 2 minuty lub do momentu, aż lekko zgęstnieje. Wymieszaj prosciutto i trochę pieprzu. Zdejmij sos z ognia.

4. Zagotuj co najmniej 4 litry wody. Dodać 2 łyżki soli, następnie makaron. Dobrze wymieszać. Gotuj na dużym ogniu, często mieszając, aż makaron będzie al dente, miękki, ale wciąż mocny. Odcedzić makaron, zachowując część wody z gotowania.

5. Na patelnię z sosem wrzucamy makaron i dobrze mieszamy. Jeśli makaron wydaje się suchy, dodaj trochę wody z gotowania. Dodać Fontinę, ponownie wymieszać i podawać.

Fettuccine z pieczarkami i prosciutto

Fettuccine z Funghi i Prosciutto

Na 4 do 6 porcji

Szynkę prosciutto zwykle kroi się w cienkie jak papier plasterki, ale dodając ją do ugotowanej potrawy, często wolę, gdy mięso jest pokrojone w jeden gruby plaster, który następnie kroję w wąskie paski. Lepiej trzyma swój kształt i nie przypala się pod wpływem ciepła.

4 łyżki niesolonego masła

1 opakowanie (10 uncji) grzybów, pokrojonych w cienkie plasterki

1 szklanka mrożonego groszku, częściowo rozmrożonego

Sól i świeżo zmielony czarny pieprz

4 uncje importowanego włoskiego prosciutto, w jednym plasterku o grubości około 1/4 cala, pokrojonego w poprzek w cienkie paski

1 funt świeżej fettuccine

½ szklanki gęstej śmietanki

½ szklanki świeżo startego Parmigiano-Reggiano

1. Na patelni wystarczająco dużej, aby pomieścić wszystkie składniki, rozpuść masło na średnim ogniu. Dodaj grzyby i smaż, mieszając od czasu do czasu, aż sok z grzybów odparuje, a grzyby zaczną się rumienić, około 10 minut.

2. Wymieszaj groszek. Posyp solą i pieprzem i gotuj 2 minuty. Wymieszaj prosciutto i wyłącz ogrzewanie. Przykryj, aby utrzymać ciepło.

3. Zagotuj co najmniej 4 litry wody. Dodać 2 łyżki soli, następnie makaron. Dobrze wymieszać. Gotuj na dużym ogniu, często mieszając, aż makaron będzie al dente, miękki, ale wciąż mocny. Odcedzić makaron, zachowując część wody z gotowania.

4. Przełóż makaron na patelnię z warzywami i prosciutto. Zmień temperaturę na wysoką. Dodać śmietanę i ser, ponownie wymieszać. Jeśli makaron wydaje się suchy, dodaj trochę wody z gotowania. Natychmiast podawaj.

Letnie Tagliatelle

Tagliatelle Estiva

Na 4 do 6 porcji

Wszystko w tym makaronie jest słodkie i świeże, od krążków małych, świeżych cukinii, przez słoneczny, dojrzały smak pomidorów, po kremowy, łagodny smak sera ricotta salata. Ta sprasowana, zwarta i sucha forma ricotty stosowana jest zarówno jako ser stołowy, jak i do tarcia. Jeśli nie możesz znaleźć tego rodzaju ricotty, zastąp je łagodnym pecorino lub Parmigiano-Reggiano.

1 mała cebula, posiekana

¼ szklanki oliwy z oliwek

3 bardzo małe cukinie, pokrojone w 1/4-calowe krążki

Sól

2 szklanki pomidorów winogronowych, przekrojonych wzdłuż na połówki

1 szklanka porwanych liści bazylii

1 funt fettuccine ze świeżego szpinaku

½ szklanki startej ricotty salata

1. Na dużej patelni smaż cebulę na oleju na średnim ogniu przez 5 minut. Dodać cukinię i sól do smaku. Gotuj 5 minut lub do momentu, aż zmięknie. Dodaj pomidory i gotuj jeszcze 5 minut lub do momentu, aż cukinia będzie miękka. Dodaj połowę bazylii i wyłącz ogień.

2. W międzyczasie zagotuj co najmniej 4 litry wody. Dodać 2 łyżki soli, następnie makaron. Dobrze wymieszać. Gotuj, często mieszając, aż makaron będzie al dente, miękki, ale wciąż mocny.

3. Odcedź makaron i polej go sosem. Dodaj ser i pozostałą 1/2 szklanki bazylii i ponownie wymieszaj. Natychmiast podawaj.

Fettuccine z sosem grzybowym i anchois

Fettuccine al Funghi

Na 4 do 6 porcji

Nawet ci, którzy zwykle nie lubią anchois, docenią wzmocnienie smaku, jakie nadają temu sosowi. Ich obecność nie jest oczywista; anchois rozpływają się w sosie.

2 duże ząbki czosnku, drobno posiekane

⅓ szklanki oliwy z oliwek

12 uncji białych lub brązowo-białych grzybów, pokrojonych w bardzo cienkie plasterki

Sól i świeżo zmielony czarny pieprz

½ szklanki wytrawnego białego wina

6 filetów anchois, posiekanych

2 duże świeże pomidory, obrane, pozbawione nasion i posiekane lub 1 1/2 szklanki posiekanych, importowanych włoskich pomidorów z puszki, z sokiem

1 funt świeżej fettuccine

¼ szklanki posiekanej świeżej pietruszki płaskolistnej

2 łyżki niesolonego masła

1. Na patelni wystarczająco dużej, aby pomieścić cały makaron, smaż czosnek na oleju na średnim ogniu przez 1 minutę.

2. Dodaj grzyby i smaż, często mieszając, aż płyn odparuje, a grzyby zaczną się rumienić, około 10 minut. Wlać wino i doprowadzić do wrzenia.

3. Dodaj anchois i pomidory. Zmniejsz ogień do małego i gotuj 10 minut.

4. Zagotuj co najmniej 4 litry wody. Dodać 2 łyżki soli, następnie makaron. Dobrze wymieszać. Gotuj na dużym ogniu, często mieszając, aż makaron będzie al dente, miękki, ale wciąż mocny. Odcedzić makaron, zachowując część wody z gotowania.

5. Makaron przełożyć na patelnię z sosem i dokładnie wymieszać z natką pietruszki. Dodać masło i ponownie wymieszać, w razie potrzeby dodając trochę wody z gotowania. Natychmiast podawaj.

Fettuccine z przegrzebkami

Fettuccine z Canestrelli

Na 4 do 6 porcji

Zwykle robię ten makaron z dużymi przegrzebkami morskimi. Są pulchne i słodkie i dostępne przez cały rok. Mniejsze przegrzebki, dostępne latem głównie na północnym wschodzie, również są doskonałe. Nie mylić ich z pozbawionymi smaku przegrzebkami perkalowymi pochodzącymi z ciepłych wód. Czasami są przedstawiane jako przegrzebki laurowe, choć na ogół są znacznie mniejsze i pozbawione smaku. Przegrzebki mają około pół cala średnicy i kremowobiały kolor, podczas gdy przegrzebki mają około ćwierć cala i są bardzo białe.

4 duże ząbki czosnku, drobno posiekane

¼ szklanki oliwy z oliwek

1 funt przegrzebków morskich, pokrojonych na półcalowe kawałki lub przegrzebki zatokowe, pozostawione w całości

Szczypta mielonej czerwonej papryki

Sól

1 duży dojrzały pomidor, pozbawiony nasion i pokrojony w kostkę

2 szklanki świeżych liści bazylii, porwanych na 2 lub 3 części

1 funt świeżej fettuccine

1. Na patelni wystarczająco dużej, aby pomieścić cały makaron, usmaż czosnek na oliwie na średnim ogniu, aż czosnek stanie się lekko złoty, około 2 minut. Wymieszaj przegrzebki, pieprz i sól do smaku. Gotuj, aż przegrzebki staną się nieprzezroczyste, około 1 minuty.

2. Wymieszaj pomidory i bazylię. Gotuj 1 minutę, aż bazylia lekko zwiędnie. Zdejmij patelnię z ognia.

3. Zagotuj co najmniej 4 litry wody. Dodać 2 łyżki soli, następnie makaron. Dobrze wymieszać. Gotuj na dużym ogniu, często mieszając, aż makaron będzie al dente, miękki, ale wciąż mocny. Odcedzić makaron, zachowując część wody z gotowania.

4. Dodaj makaron na patelnię. Dobrze wymieszaj, w razie potrzeby dodając trochę wody z gotowania. Natychmiast podawaj.

Tagliarini Z Krewetkami I Kawiorem

Tagliarini al Gamberi i Caviale

Na 4 do 6 porcji

Kawior z łososia w kolorze koralowym stanowi pyszny kontrapunkt dla słodyczy krewetek i kremowego sosu na tym makaronie. Wymyśliłam ten przepis kilka lat temu na włoską ucztę sylwestrową dla „Washington Post".

12 uncji średnich krewetek, obranych i oczyszczonych, pokrojonych na 1/2-calowe kawałki

1 łyżka niesolonego masła

2 łyżki wódki lub ginu

1 szklanka gęstej śmietanki

Sól i świeżo zmielony biały pieprz

2 łyżki bardzo drobno posiekanej zielonej cebuli

½ łyżeczki świeżej skórki cytrynowej

1 funt świeżego tagliarini

3 uncje kawioru z łososia

1. Na patelni wystarczająco dużej, aby pomieścić cały makaron, rozpuść masło na średnim ogniu. Dodaj krewetki i gotuj, mieszając, aż będą różowe i prawie ugotowane, około 2 minut. Za pomocą łyżki cedzakowej wyjmij krewetki na talerz.

2. Dodaj wódkę na patelnię. Gotuj, mieszając, aż płyn odparuje, około 1 minuty. Dodać śmietanę i doprowadzić do wrzenia. Gotuj, aż krem lekko zgęstnieje, jeszcze około minuty. Wymieszaj krewetki oraz szczyptę soli i pieprzu. Dodaj zieloną cebulę i skórkę z cytryny. Zdjąć z ognia.

3. Zagotuj co najmniej 4 litry wody. Dodać 2 łyżki soli, następnie makaron. Gotuj, często mieszając, aż makaron będzie al dente, miękki, ale wciąż mocny. Odcedzić makaron, zachowując trochę wody z gotowania.

4. Wlać makaron na patelnię z sosem i dobrze wymieszać na średnim ogniu. Jeśli makaron wydaje się suchy, dodaj trochę wody z gotowania. Rozłóż makaron pomiędzy talerzami. Każdą porcję posyp łyżką kawioru i natychmiast podawaj.

Chrupiący Makaron Z Ciecierzycą, Po Apulii

Ceci i Tria

Na 4 porcje

Krótkie paski świeżego makaronu są czasami nazywane tria w Apulii i innych częściach południowych Włoch. W X wieku normański władca Sycylii, Roger II, zlecił arabskiemu geografowi sporządzenie przeglądu swojego królestwa. Geograf al-Idrisi napisał, że widział ludzi przygotowujących żywność z mąki w postaci nitek, które nazywali arabskim słowem oznaczającym sznurek itriyah. Nadal używana jest skrócona forma, tria.

Tria są mniej więcej tak szerokie jak fettuccine, ale są cięte na 3-calowe odcinki. Makaron według tego przepisu poddawany jest niezwykłej obróbce: połowę gotuje się w zwykły sposób, a drugą połowę smaży, aż stanie się chrupiąca, jak makaron, który można znaleźć w chińskich restauracjach. Całość łączy się w pysznym sosie z ciecierzycy. To tradycyjny przepis z południowej części Apulii, niedaleko Lecce. Nie przypomina żadnego innego przepisu na makaron, który próbowałem we Włoszech.

3 łyżki plus 1/2 szklanki oliwy z oliwek

1 mała cebula, posiekana

1 żebro selera, posiekane

1 ząbek czosnku, drobno posiekany

1 1/2 szklanki ugotowanej lub konserwowej ciecierzycy, odsączonej

1 szklanka obranych, wypestkowanych i posiekanych pomidorów

2 łyżki drobno posiekanej świeżej natki pietruszki płaskolistnej

2 szklanki wody

Sól i świeżo zmielony czarny pieprz

12 uncji świeżej fettuccine, pokrojonej na 3-calowe kawałki

1. W dużym rondlu wymieszaj 3 łyżki oliwy z oliwek, cebulę, seler i czosnek. Gotuj na średnim ogniu, aż zmięknie, około 5 minut. Dodać ciecierzycę, pomidor, natkę pietruszki i wodę. Doprawić do smaku solą i pieprzem. Doprowadzić do wrzenia i gotować 30 minut.

2. Rozłóż tacę przykrytą ręcznikami papierowymi. Na dużej patelni rozgrzej pozostałe 1/2 szklanki oleju na średnim ogniu. Dodaj jedną czwartą makaronu i gotuj, mieszając, aż pojawią się pęcherze i zacznie lekko brązowieć, około 4 minut. Wyjmij

makaron łyżką cedzakową i odsącz na blasze. Powtórzyć z kolejną ćwiartką makaronu.

3. Zagotuj co najmniej 4 litry wody. Dodać 2 łyżki soli i resztę makaronu. Dobrze wymieszać. Gotuj na dużym ogniu, często mieszając, aż makaron będzie al dente, miękki, ale wciąż mocny. Odcedzić makaron, zachowując część wody z gotowania.

4. Ugotowany makaron wmieszać do gotującego się sosu. Jeśli makaron wydaje się suchy, dolej trochę wody z gotowania. Powinno przypominać gęstą zupę.

5. Na patelnię dodajemy usmażony makaron i mieszamy. Natychmiast podawaj.

Tagliarini z Abruzzese Chocolate Ragù

Makaron Abruzzese al Cioccolato Amaro

Na 4 do 6 porcji

Zaadaptowałem ten przepis z przepisu, który mój przyjaciel Al Bassano powiedział mi, że dostał z włoskojęzycznej strony internetowej. Zaintrygowało mnie to, bo nigdy wcześniej nie widziałem ani nie jadłem czegoś podobnego. Nie mogłem się doczekać, aby spróbować i nie zawiodłem się. Niewielka ilość czekolady i cynamonu dodaje sosowi subtelnego bogactwa.

Oryginalny przepis przewidywał podawanie szmaty z chitarriną, typowym abruzyjskim makaronem jajecznym, przygotowywanym na urządzeniu zwanym chitarra lub „gitarą". Gitara w tym przypadku to prosta drewniana rama, na którą naciągnięty jest rząd strun gitarowych. Na sznurki kładzie się arkusz świeżego ciasta makaronowego, po czym nawija się wałek do ciasta. Naprężone sznurki tną ciasto na kwadratowe pasma przypominające spaghetti. Tagliarini są dobrym zamiennikiem chitarriny.

1 średnia cebula, drobno posiekana

¼ szklanki oliwy z oliwek

8 uncji mielonej wieprzowiny

Sól i świeżo zmielony czarny pieprz

½ szklanki wytrawnego czerwonego wina

1 szklanka przecieru pomidorowego

¼ szklanki koncentratu pomidorowego

1 szklanka wody

1 łyżka posiekanej gorzkiej czekolady

½ łyżeczki cukru

Szczypta mielonego cynamonu

1 funt świeżego tagliarini

1. W średnim rondlu podsmaż cebulę na oleju na średnim ogniu, aż cebula będzie miękka i złocista, około 10 minut. Dodać wieprzowinę i smażyć, rozdrabniając mięso grzbietem łyżki, aż się lekko zrumieni. Dopraw solą i pieprzem do smaku.

2. Dodać wino i doprowadzić do wrzenia. Gotuj, aż większość wina odparuje.

3. Wymieszaj przecier pomidorowy, koncentrat pomidorowy i wodę. Zmniejsz ogień do małego i gotuj przez 1 godzinę, od czasu do czasu mieszając, aż sos zgęstnieje.

4. Mieszaj czekoladę, cukier i cynamon, aż czekolada się rozpuści. Smak dla przypraw.

5. Zagotuj co najmniej 4 litry wody. Dodać 2 łyżki soli, następnie makaron. Dobrze wymieszać. Gotuj na dużym ogniu, często mieszając, aż makaron będzie al dente, miękki, ale wciąż mocny. Odcedzić makaron, zachowując część wody z gotowania.

6. W dużej, ciepłej misce wymieszaj makaron z sosem. W razie potrzeby dodaj trochę pozostałej wody z gotowania. Natychmiast podawaj.

Lasagne w stylu bolońskim

Lasagne Bolońska

Na 8 do 10 porcji

Ta lasagne z Bolonii w północnych Włoszech różni się całkowicie od południowowłoskiej wersji według tego przepisu, chociaż obie są klasyczne. Wersja bolońska składa się z lasagne ze szpinakiem zabarwionej na zielono zamiast lasagne z jajek, a jedynym używanym serem jest Parmigiano-Reggiano, podczas gdy wersja południowa zawiera mozzarellę, ricottę i Pecorino Romano. Kremowy biały sos beszamelowy jest standardowym składnikiem odmiany północnej, natomiast wersja południowa zawiera znacznie więcej mięsa. Wypróbuj oba — są równie pyszne.

   3 do 4 filiżanek<u>Ragù w stylu bolońskim</u>

   3 filiżanki<u>Sos beszamelowy</u>

1 funtowa lasagne ze świeżym szpinakiem

Sól

1/2 szklanki świeżo startego Parmigiano-Reggiano

2 łyżki niesolonego masła

1. Przygotuj dwa sosy. Zagotuj co najmniej 4 litry wody. Przygotuj dużą miskę zimnej wody. Do wrzącej wody dodać połowę lasagne i 2 łyżki soli. Gotuj, aż makaron będzie miękki, ale lekko niedogotowany. Wyjmij makaron łyżką cedzakową i włóż go do zimnej wody. W ten sam sposób ugotuj pozostałe paski lasagne. Połóż schłodzone arkusze lasagne na płasko na niepozostawiających włókien ręcznikach.

2. Nasmaruj masłem patelnię o wymiarach 13 × 10 × 2 cale. Odłóż 2 najlepiej wyglądające paski makaronu na wierzchnią warstwę. Odłożyć 1/2 szklanki beszamelu i 1/4 szklanki sera. Uformuj warstwę makaronu tak, aby kawałki nachodziły na siebie. Posmaruj cienkimi warstwami beszamelu, następnie ragu i sera. Powtórzyć układanie warstw, kończąc na makaronie. Posmaruj górną warstwę zarezerwowaną 1/2 szklanki beszamelu. Posyp zarezerwowanym 1/4 szklanki sera. Posmaruj masłem. (Jeśli robisz lasagne wcześniej, przykryj szczelnie folią i wstaw do lodówki na noc.)

3. Umieść ruszt na środku piekarnika. Rozgrzej piekarnik do 375°F. Piecz lasagne 45 minut. Jeśli lasagne za bardzo się rumieni, przykryj ją luźno folią. Piecz jeszcze 15 minut lub do momentu, aż sos zacznie bulgotać, a nóż wbity w środek będzie ciepły. Odstawić na 15 minut przed podaniem.

Lasagne Neapolitańska

Lasagne Napolitana

Na 8 do 10 porcji

Ilekroć robię lasagne, nie mogę powstrzymać się od myśli o mojej ulubionej włoskiej bajce dla dzieci, Pentolin delle Lasagne, napisanej przez A. Rubino i opublikowanej w dziale dziecięcym gazety Corriere della Sera w 1932 roku. Jest to historia mężczyzny który zawsze nosił na głowie pentolino di terakota, gliniany garnek do gotowania lasagne. Czuł, że chroni go to przed żywiołami i zawsze był gotowy w każdej chwili przygotować lasagne. Nic dziwnego, że był najlepszym producentem lasagne w swoim kraju Pastacotta („gotowany makaron"), chociaż ludzie śmiali się z niego z powodu jego głupiego nakrycia głowy. Dzięki garnkowi do lasagne i odrobinie magii uratował mieszkańców Pastacotta przed głodem, został królem i żył długo i szczęśliwie, robiąc lasagne w każdą niedzielę dla wszystkich w swoim królestwie.

To jest lasagne, taka, jaką robiła moja mama, a wcześniej moja babcia. Jest niezwykle bogaty, ale absolutnie nie można mu się oprzeć.

Około 8 filiżanek<u>Neapolitański Ragù</u>, zrobione z małych klopsików

Sól

1 funt świeżej lasagne

2 funty ricotty w całości lub częściowo odtłuszczonej

11/4 szklanki świeżo startego Pecorino-Romano

1 funt świeżej mozzarelli, pokrojonej w cienkie plasterki

1. Przygotuj szmatę. Z sosu wyjmij kawałki mięsa, klopsiki i kiełbaski. Odłóż wieprzowinę i cielęcinę na kolejny posiłek. Kiełbaski pokroić w cienkie plasterki i odłożyć je razem z klopsikami na lasagne.

2. Rozłóż niestrzępiące się ręczniki kuchenne na płaskiej powierzchni. Przygotuj dużą miskę zimnej wody.

3. Zagotuj około 4 litrów wody. Dodaj 2 łyżki soli. Dodawaj po kilka kawałków lasagne. Gotuj lasagne, aż będzie miękka, ale lekko niedogotowana. Wyjmij makaron z wody. Ugotowany makaron włóż do zimnej wody. Gdy ostygnie, połóż arkusze makaronu płasko na ręcznikach. Ręczniki można układać jeden na drugim. Kontynuuj gotowanie i chłodzenie pozostałej lasagne w ten sam sposób.

4. Na patelni o wymiarach 13 × 9 × 2 cale rozprowadź cienką warstwę sosu. Uformuj warstwę makaronu, lekko nachodząc na siebie kawałki. Posmaruj 2 szklankami ricotty, następnie małymi klopsikami i pokrojonymi w plasterki kiełbaskami, a następnie mozzarellą. Nałóż jeszcze około 1 szklanki sosu i posyp 1/4 szklanki startego sera.

5. Powtarzaj warstwy, kończąc na makaronie, sosie i tartym serze. (Jeśli robisz lasagne wcześniej, przykryj szczelnie folią i wstaw do lodówki na noc.)

6. Umieść ruszt na środku piekarnika. Rozgrzej piekarnik do 375°F. Piecz lasagne 45 minut. Jeśli lasagne za bardzo się rumieni, przykryj ją luźno folią. Piecz jeszcze 15 minut lub do momentu, aż wierzch się zarumieni, a sos zacznie bulgotać na brzegach.

7. Wyjmij lasagne z piekarnika i odstaw na 15 minut. Pokrój lasagne na kwadraty i podawaj.

Lasagne ze szpinakiem i grzybami

Lasagne di Funghi i Spinaci

Na 8 do 10 porcji

Parma to raj dla miłośników makaronów. Owinięty w smaczne nadzienia, polany sosami lub ułożony warstwowo z różnymi składnikami, makaron wydaje się lekki jak powietrze i zawsze pyszny. To danie powstało na podstawie moich wspomnień o niebiańskiej kremowej lasagne, którą jadłam wiele lat temu w Parmie.

3 filiżanki<u>Sos beszamelowy</u>

1 funt świeżego szpinaku, przyciętego

Sól

5 łyżek niesolonego masła

1 mała cebula, drobno posiekana

1 1/2 funta pieczarek, posiekanych

1 funt świeżej lasagne

1/2 szklanki świeżo startego Parmigiano-Reggiano

1. Przygotuj sos beszamelowy. Następnie włóż szpinak do dużego garnka i zalej 1/2 szklanki wody. Dodaj szczyptę soli. Przykryj i gotuj na średnim ogniu, aż szpinak będzie miękki, około 5 minut. Dobrze odcedź szpinak. Ostudzić. Szpinak zawiń w ręcznik i wyciśnij, aby wycisnąć jak najwięcej soku. Szpinak posiekaj i odłóż na bok.

2. Na dużej patelni rozpuść cztery łyżki masła na średnim ogniu. Dodaj cebulę i smaż, mieszając od czasu do czasu, aż zmięknie, około 5 minut.

3. Wymieszaj grzyby oraz sól i pieprz do smaku. Gotuj, często mieszając, aż cały płyn odparuje, a grzyby będą miękkie. Dodaj posiekany ugotowany szpinak.

4. Odłożyć 1/2 szklanki sosu beszamelowego. Pozostałą część wymieszaj z mieszanką warzywną.

5. Przygotuj dużą miskę zimnej wody. Rozłóż niestrzępiące się ręczniki kuchenne na powierzchni roboczej.

6. Zagotuj duży garnek wody. Dodaj 2 łyżki soli. Dodawaj po kilka kawałków lasagne. Gotuj lasagne, aż będzie miękka, ale lekko niedogotowana. Wyjmij makaron z wody. Ugotowany makaron włóż do zimnej wody. Gdy ostygnie, połóż arkusze makaronu płasko na ręcznikach, które można ułożyć jeden na drugim.

Kontynuuj gotowanie i chłodzenie pozostałej lasagne w ten sam sposób.

7. Posmaruj masłem patelnię o wymiarach 13 × 9 × 2 cale. Odłóż 2 najlepiej wyglądające paski makaronu na wierzchnią warstwę. Na przygotowanej patelni ułóż warstwę makaronu, tak aby kawałki nachodziły na siebie. Posmaruj cienką warstwą warzyw i posyp serem. Powtórzyć układanie warstw, kończąc na makaronie. Posmaruj zarezerwowanym beszamelem. Posypać pozostałym serem. Posmaruj pozostałym masłem.

8. Rozgrzej piekarnik do 375°F. Piec 45 minut. Jeśli lasagne za bardzo się rumieni, przykryj ją luźno folią. Piecz jeszcze 15 minut lub do momentu, aż wierzch się zarumieni, a sos zacznie bulgotać na brzegach. Wyjąć z piekarnika i odstawić na 15 minut przed podaniem. Pokroić w kwadraty i podawać.

Zielona Lasagne

Lasagne Verde

Na 8 do 10 porcji

Zielony makaron lasagne przekładany jest szynką, grzybami, pomidorami i sosem beszamelowym. Aby było bezmięsne, po prostu wyeliminuj szynkę.

3 filiżanki<u>Sos beszamelowy</u>

1 uncja suszonych borowików

2 szklanki gorącej wody

4 łyżki niesolonego masła

1 łyżka oliwy z oliwek

1 ząbek czosnku, drobno posiekany

12 uncji białych grzybów, posiekanych

½ łyżeczki suszonego majeranku lub tymianku

Sól i świeżo zmielony czarny pieprz

1 szklanka obranych, wypestkowanych i posiekanych świeżych pomidorów lub importowanych włoskich pomidorów z puszki, odsączonych i posiekanych

8 uncji pokrojonej w plasterki gotowanej szynki, posiekanej

11/4 szklanki świeżo startego Parmigiano-Reggiano

11/4 funta zielonej lasagne

1. Przygotuj sos beszamelowy. Suszone grzyby włóż do wody i pozostaw do namoczenia na 30 minut. Wyjmij grzyby z miski i zachowaj płyn. Opłucz grzyby pod zimną bieżącą wodą, aby usunąć piasek, zwracając szczególną uwagę na końce łodyg, w których gromadzi się ziemia. Grzyby grubo posiekać. Płyn grzybowy przecedzić przez papierowy filtr do kawy do miski.

2. Na dużej patelni rozpuść dwie łyżki masła z olejem na średnim ogniu. Dodaj czosnek i smaż jedną minutę. Dodać świeże i suszone grzyby, majeranek oraz sól i pieprz do smaku. Gotuj, mieszając od czasu do czasu, przez 5 minut. Dodaj pomidory i zarezerwowany płyn grzybowy i gotuj, aż zgęstnieją, jeszcze około 10 minut.

3. Przygotuj dużą miskę zimnej wody. Rozłóż niestrzępiące się ręczniki kuchenne na powierzchni roboczej.

4. Zagotuj co najmniej 4 litry wody. Dodaj 2 łyżki soli. Dodawaj po kilka kawałków lasagne. Gotuj lasagne, aż będzie miękka, ale lekko niedogotowana. Wyjmij makaron z wody. Ugotowany makaron włóż do zimnej wody. Gdy ostygnie, połóż arkusze makaronu płasko na ręcznikach, które można ułożyć jeden na drugim. Kontynuuj gotowanie i chłodzenie pozostałej lasagne w ten sam sposób.

5. Posmaruj masłem patelnię o wymiarach 13 × 9 × 2 cale. Odłóż 2 najlepiej wyglądające paski makaronu na wierzchnią warstwę. Odłożyć 1/2 szklanki beszamelu i 1/4 szklanki sera. Uformuj warstwę makaronu tak, aby kawałki nachodziły na siebie. Posmaruj cienką warstwą beszamelu, sosu grzybowego, szynki i sera. Powtórzyć układanie warstw, kończąc na makaronie. Posmaruj zarezerwowanym beszamelem. Posypać pozostałym serem. Posmaruj pozostałym masłem.

6. Umieść ruszt na środku piekarnika. Rozgrzej piekarnik do 375°F. Piecz lasagne 45 minut. Jeśli lasagne za bardzo się rumieni, przykryj ją luźno folią. Odkryć i piec jeszcze 15 minut lub do momentu, aż wierzch się zarumieni, a sos zacznie bulgotać na brzegach. Odstawić na 15 minut przed podaniem. Pokroić w kwadraty i podawać.

Zielona lasagne z ricottą, bazylią i sosem pomidorowym

Lasagne Verde z Ricottą, Bazyliką i Marinarą

Na 8 do 10 porcji

Moja babcia zawsze robiła lasagne w stylu neapolitańskim, ale od czasu do czasu zaskakiwała nas tą wersją bezmięsną, szczególnie latem, gdy typowa szmata mięsna wydawała się zbyt ciężka.

Na samą myśl o tej lasagne robię się głodny. Zapach bazylii, bogactwo sera i słodycz sosu pomidorowego to połączenie, które według mnie kusi. To także piękne danie z warstwami czerwieni, zieleni i bieli.

5 do 6 filiżanek Sos marinara Lub sos ze świeżych pomidorów

Sól i świeżo zmielony czarny pieprz

1 1/4 funta świeżej zielonej lasagne

2 funty świeżej, częściowo odtłuszczonej ricotty

1 jajko, lekko ubite

1 szklanka świeżo startego Parmigiano-Reggiano lub Pecorino Romano

8 uncji świeżego sera mozzarella, pokrojonego w cienkie plasterki

1 duży pęczek bazylii, ułożony w stos i pokrojony w wąskie wstążki

1. W razie potrzeby przygotuj sos. Następnie przygotuj dużą miskę zimnej wody. Rozłóż niestrzępiące się ręczniki kuchenne na powierzchni roboczej.

2. Zagotuj co najmniej 4 litry wody. Dodaj 2 łyżki soli. Dodawaj po kilka kawałków lasagne. Gotuj lasagne, aż będzie miękka, ale lekko niedogotowana. Wyjmij makaron z wody. Ugotowany makaron włóż do zimnej wody. Gdy ostygnie, połóż arkusze makaronu płasko na ręcznikach, które można ułożyć jeden na drugim. Kontynuuj gotowanie i chłodzenie pozostałej lasagne w ten sam sposób.

3. W misce wymieszaj ricottę, jajko oraz sól i pieprz do smaku.

4. Na patelni o wymiarach 13 × 9 × 2 cale rozprowadź cienką warstwę sosu. Połóż dwie lasagne na patelni w jednej warstwie, lekko nachodząc na siebie. Posmaruj równomiernie połową mieszanki ricotty i posyp 2 łyżkami startego sera. Na wierzchu ułóż jedną trzecią plasterków mozzarelli.

5. Ułóż drugą warstwę lasagne i posmaruj ją sosem. Na wierzchu posypać bazylią. Ułóż warstwami sery, jak opisano powyżej.

Powtórz dla trzeciej warstwy. Na koniec ułóż ostatnią warstwę lasagne, sosu, mozzarelli i tartego sera. (Można przygotować wcześniej. Przykryj folią i wstaw do lodówki na kilka godzin lub na noc.)

6. Umieść ruszt na środku piekarnika. Rozgrzej piekarnik do 375°F. Piecz lasagne przez 45 minut. Jeśli lasagne za bardzo się rumieni, przykryj ją luźno folią. Piecz jeszcze 15 minut lub do momentu, aż wierzch się zarumieni, a sos zacznie bulgotać na brzegach. Odstaw na 15 minut. Pokrój w kwadraty i podawaj.

Lasagne z Bakłażanów

Lasagne con la Parmigiana

Na 8 do 10 porcji

Moja przyjaciółka Donatella Arpaia, która w dzieciństwie spędziła wakacje z rodziną we Włoszech, pamięta ulubioną ciotkę, która wcześnie rano przygotowywała lasagne ze świeżymi warzywami, aby później zabrać ją na plażę na lunch. Patelnię starannie owinięto w ręczniki, tak aby zawartość była wciąż ciepła, kiedy zasiadali do jedzenia.

Ta wersja przypomina parmezan z bakłażana, z dodatkiem świeżego makaronu lasagne. Idealnie nadaje się na letni bufet lub do serwowania wegetarian.

2 średnie bakłażany (około 1 funta każdy)

Sól

Oliwa z oliwek

1 średnia cebula, drobno posiekana

5 funtów świeżych pomidorów śliwkowych, obranych, pozbawionych nasion i posiekanych lub 2 (28 uncji) puszki importowanych włoskich pomidorów obranych, odsączonych i posiekanych

Świeżo zmielony czarny pieprz

2 łyżki posiekanej świeżej natki pietruszki płaskolistnej

2 łyżki posiekanej świeżej bazylii

1 funt świeżej lasagne

1 funt świeżej mozzarelli, pokrojonej na ćwiartki i pokrojonej w cienkie plasterki

1 szklanka świeżo startego Parmigiano-Reggiano

1. Bakłażany obierz i pokrój w cienkie plasterki. Posyp plastry solą i ułóż je na durszlaku ustawionym nad talerzem. Odstaw na co najmniej 30 minut. Opłucz bakłażana w zimnej wodzie i osusz.

2. Umieść ruszt na środku piekarnika. Rozgrzej piekarnik do 400°F. Obficie posmaruj plastry bakłażana z obu stron olejem. Ułóż plastry na dużych blachach do pieczenia. Piec bakłażany przez 30 minut lub do momentu, aż będą miękkie i lekko rumiane.

3. W dużym rondlu podsmaż cebulę w 1/3 szklanki oliwy z oliwek na średnim ogniu, mieszając, aż będzie miękka, ale nie rumiana,

przez około 10 minut. Dodać pomidory oraz sól i pieprz do smaku. Doprowadź do wrzenia i gotuj, aż lekko zgęstnieje, około 15 do 20 minut. Wymieszaj bazylię i pietruszkę.

4. Rozłóż niestrzępiące się ręczniki kuchenne na powierzchni roboczej. Przygotuj dużą miskę zimnej wody. Zagotuj co najmniej 4 litry wody. Dodaj 2 łyżki soli. Gotuj paski lasagne po kilka kawałków na raz. Usuń paski po jednej minucie lub gdy są jeszcze twarde. Umieść je w misce z wodą, aby ostygły. Następnie rozłóż je płasko na ręcznikach. Powtórz tę czynność, gotując i schładzając pozostały makaron w ten sam sposób; ręczniki można układać jeden na drugim.

5. Lekko naoliwij patelnię do lasagne o wymiarach 13 × 9 × 2 cale. Na patelni rozsmaruj cienką warstwę sosu.

6. Ułóż warstwę makaronu, lekko nachodząc na siebie kawałki. Posmaruj cienką warstwą sosu, następnie plasterkami bakłażana, mozzarellą i tartym serem. Powtórzyć układanie warstw, kończąc na makaronie, sosie pomidorowym i tartym serze. (Można przygotować maksymalnie 24 godziny wcześniej. Przykryj folią spożywczą i przechowuj w lodówce. Wyjmij z lodówki na około 1 godzinę przed pieczeniem.)

7. Rozgrzej piekarnik do 375°F. Piec 45 minut. Jeśli lasagne za bardzo się rumieni, przykryj ją luźno folią. Piecz jeszcze 15 minut lub do momentu, aż wierzch się zarumieni, a sos zacznie bulgotać na brzegach. Wyjąć z piekarnika i odstawić na 15 minut przed podaniem. Pokroić w kwadraty i podawać.

Ricotta i szynka Cannelloni

Cannelloni al Prosciutto

Na 8 porcji

Ricotta oznacza „ponownie ugotowana". Ten świeży ser wytwarzany jest we Włoszech z serwatki z mleka krowiego lub owczego, czyli wodnistej cieczy pozostałej po wytworzeniu twardego sera, takiego jak pecorino. Kiedy serwatka jest podgrzewana, pozostałości stałe ulegają koagulacji. Po odcedzeniu twaróg przekształca się w miękki ser, który nazywamy ricottą. Włosi jedzą go jako ser śniadaniowy lub deserowy oraz jako dodatek do wielu dań makaronowych. To cannelloni w stylu południowych Włoch, wypełnione ricottą i kawałkami prosciutto. Do tego makaronu można użyć dowolnego sosu pomidorowego, ale jeśli wolisz bogatsze danie, możesz zastąpić je szmatką mięsną.

1 przepisŚwieży Makaron Jajeczny, pokroić w 4-calowe kwadraty na cannelloni

> 1 przepis (około 3 szklanek)sos ze świeżych pomidorówLubToskański sos pomidorowy

Sól

1 funt świeżej mozzarelli

1 (16-uncjowy) pojemnik na ricottę w całości lub częściowo odtłuszczoną

½ szklanki posiekanego importowanego włoskiego prosciutto (około 2 uncji)

1 duże jajko, ubite

¾ szklanki świeżo startego Parmigiano-Reggiano

Świeżo zmielony czarny pieprz

1. Przygotuj makaron i sos. Rozłóż niestrzępiące się ręczniki kuchenne na płaskiej powierzchni. Przygotuj dużą miskę zimnej wody. Zagotuj około 4 litrów wody. Dodaj sól do smaku. Dodawaj po kilka kawałków makaronu. Ugotuj makaron, aż będzie miękki, ale lekko niedogotowany. Wyjmij makaron z wody i włóż go do zimnej wody. Gdy ostygnie, połóż arkusze makaronu płasko na ręcznikach, które można ułożyć jeden na drugim. Kontynuuj gotowanie i chłodzenie pozostałego makaronu w ten sam sposób.

2. W dużej misce wymieszaj mozzarellę, ricottę, prosciutto, jajko i 1/2 szklanki Parmigiano. Dobrze wymieszaj i dodaj sól i pieprz do smaku.

3. Na dno dużego naczynia do zapiekania nałóż cienką warstwę sosu. Na jednym końcu każdego kwadratu makaronu rozsmaruj

około 2 łyżek nadzienia. Zwiń makaron, zaczynając od wypełnionego końca i ułóż bułki szwem do dołu na przygotowanej patelni.

4. Na makaron nałóż cienką warstwę sosu. Posyp resztą Parmigiano.

5. Umieść ruszt na środku piekarnika. Rozgrzej piekarnik do 375°F. Piec 30 minut lub do momentu, aż sos zacznie bulgotać, a sery się rozpuszczą. Podawać na gorąco.

Cannelloni z cielęciną i szpinakiem

Cannelloni di Vitello i Spinaci

Na 8 porcji

Cannelloni zawsze wydają się eleganckie, a mimo to są jednym z najłatwiejszych nadziewanych makaronów do przygotowania w domu. Ta klasyczna wersja z Piemontu jest zwykle przygotowywana z resztek pieczonej lub duszonej cielęciny. To moja wersja przepisu Giorgio Rocca, właściciela Il Giardino da Felicin, przytulnego zajazdu i restauracji w Monforte d'Alba.

3 do 4 filiżanek <u>Sos beszamelowy</u>

1 funt świeżego szpinaku

2 łyżki niesolonego masła

2 funty cielęciny bez kości, pokrojonej na 2-calowe kawałki

2 średnie marchewki, posiekane

1 delikatne żeberko selera, posiekane

1 średnia cebula, posiekana

1 ząbek czosnku, drobno posiekany

Sól i świeżo zmielony czarny pieprz

Szczypta świeżo zmielonej gałki muszkatołowej

1/2 szklanki świeżo startego Parmigiano-Reggiano

11/2 funtaŚwieży Makaron Jajeczny, pokroić w 4-calowe kwadraty na cannelloni

1. Przygotuj sos beszamelowy.

2. Szpinak włóż do dużego garnka i postaw na średnim ogniu z 1/4 szklanki wody. Przykryj i gotuj przez 2 do 3 minut lub do momentu, aż zwiędną i będą miękkie. Odcedzić i ostudzić. Szpinak zawiń w niestrzępiącą się ściereczkę i odciśnij jak najwięcej wody. Drobno posiekaj szpinak.

3. Na dużej patelni rozpuść masło na średnio-małym ogniu. Dodać cielęcinę, marchew, seler, cebulę i czosnek. Doprawić do smaku solą i pieprzem oraz szczyptą gałki muszkatołowej. Przykryj i gotuj, mieszając od czasu do czasu, aż mięso będzie bardzo miękkie, około 1 godziny. Jeśli mięso będzie suche, dodaj trochę wody. Ostudzić. Na desce do krojenia z dużym nożem lub w robocie kuchennym posiekaj mieszaninę bardzo drobno. Zeskrob mięso i szpinak do miski, dodaj 1 szklankę beszamelu i 1 szklankę Parmigiano. Dobrze wymieszaj i dopraw do smaku.

4. W międzyczasie przygotuj makaron. Rozłóż niestrzępiące się ręczniki kuchenne na płaskiej powierzchni. Przygotuj dużą miskę zimnej wody. Zagotuj około 4 litrów wody. Dodaj 2 łyżki soli. Dodawaj po kilka kawałków makaronu. Ugotuj makaron, aż będzie miękki, ale lekko niedogotowany. Wyjmij makaron z wody i włóż go do zimnej wody. Gdy ostygnie, połóż arkusze makaronu płasko na ręcznikach, które można ułożyć jeden na drugim. Kontynuuj gotowanie i chłodzenie pozostałego makaronu w ten sam sposób.

5. Połowę pozostałego beszamelu rozłóż cienką warstwą na dużej blaszce do pieczenia. Na jednym końcu każdego kwadratu makaronu rozsmaruj około dwóch łyżek nadzienia i zwiń, zaczynając od wypełnionego końca. Umieść bułkę z makaronem łączeniem do dołu na przygotowanej patelni. Powtórz tę czynność z pozostałym makaronem i nadzieniem, układając bułki blisko siebie na patelni. Polać łyżką pozostałym sosem i posypać pozostałą 1/2 szklanki Parmigiano. (Można przygotować maksymalnie 24 godziny wcześniej. Przykryj folią spożywczą i przechowuj w lodówce. Wyjmij z lodówki na około 1 godzinę przed pieczeniem.)

6. Umieść ruszt na środku piekarnika. Rozgrzej piekarnik do 375°F. Piec 30 minut lub do momentu, aż cannelloni się rozgrzeje i lekko złoci. Podawać na gorąco.

Zielone i białe cannelloni

Cannelloni alla Parmigiana

Na 8 porcji

Jeśli odwiedzicie region Emilia-Romania, koniecznie zatrzymajcie się w Parmie. To eleganckie małe miasteczko, miejsce narodzin wielkiego dyrygenta Arturo Toscaniniego, słynie z doskonałej kuchni. Wiele budynków w mieście pomalowanych jest na słoneczny żółty kolor, zwany złotem Parmy. W Parmie znajduje się wiele znakomitych restauracji, w których można skosztować wyśmienitego, ręcznie zwijanego makaronu, dojrzewającego Parmigiano-Reggiano i najlepszego octu balsamicznego. Jadłam te cannelloni w Angiol d'Or, klasycznej restauracji w Parmie.

1 funtŚwieży Makaron Szpinakowy, pokroić w 4-calowe kwadraty na cannelloni

    2 kubkiSos beszamelowy

8 uncji świeżego szpinaku, przyciętego

Sól

1 funt ricotty w całości lub częściowo odtłuszczonej

2 duże jajka, lekko ubite

1/2 szklanki świeżo startego Parmigiano-Reggiano

1/4 łyżeczki świeżo startej gałki muszkatołowej

Świeżo zmielony czarny pieprz

4 uncje Fontina Valle d'Aosta, grubo starte

1. Przygotuj makaron i sos beszamelowy. Szpinak włóż do dużego garnka i postaw na średnim ogniu z 1/4 szklanki wody. Przykryj i gotuj przez 2 do 3 minut lub do momentu, aż zwiędną i będą miękkie. Odcedzić i ostudzić. Szpinak zawiń w niestrzępiącą się ściereczkę i odciśnij jak najwięcej wody. Drobno posiekaj szpinak.

2. Rozłóż niestrzępiące się ręczniki kuchenne na płaskiej powierzchni. Przygotuj dużą miskę zimnej wody. Zagotuj około 4 litrów wody. Dodaj 2 łyżki soli. Dodawaj po kilka kawałków makaronu. Ugotuj makaron, aż będzie miękki, ale lekko niedogotowany. Wyjmij makaron z wody i włóż go do zimnej wody. Gdy ostygnie, połóż arkusze makaronu płasko na ręcznikach, które można ułożyć jeden na drugim. Kontynuuj gotowanie i chłodzenie pozostałego makaronu w ten sam sposób.

3. Wymieszaj szpinak, ricottę, jajka, 1/2 szklanki parmigiano, gałkę muszkatołową oraz sól i pieprz do smaku. Wymieszaj Fontinę.

4. Umieść ruszt na środku piekarnika. Rozgrzej piekarnik do 375°F. Naczynie do pieczenia o wymiarach 13 × 9 × 2 cali posmaruj masłem.

5. Rozłóż około 1/4 szklanki nadzienia na jednym końcu każdego kwadratu makaronu. Zwiń makaron zaczynając od wypełnionej końcówki. Ułóż cannelloni na patelni łączeniem do dołu.

6. Sosem rozsmaruj makaron. Posyp pozostałą 1 szklanką Parmigiano. Piec 20 minut lub do momentu lekkiego zrumienienia.

Cannelloni z estragonem i pecorino

Cannelloni di Ricotta al Dragoncello

Na 6 porcji

Estragon o łagodnym smaku lukrecji nie jest zbyt często używany we Włoszech, z wyjątkiem sporadycznych przypadków w Umbrii i Toskanii. Świeży estragon jest niezbędny w tym przepisie, ponieważ suszony estragon byłby zbyt stanowczy. Jeśli nie możesz znaleźć świeżego estragonu, zastąp go świeżą bazylią lub pietruszką.

Te cannelloni w stylu umbryjskim są robione z sera z mleka owczego, takiego jak Pecorino Romano, ale można go zastąpić Parmigiano-Reggiano. Pomimo sera, orzechów i makaronu te cannelloni wydają się lekkie jak powietrze.

½ przepisu (około 8 uncji)Świeży Makaron Jajeczny, pokroić w 4-calowe kwadraty na cannelloni

Sól

1 funt ricotty w całości lub częściowo odtłuszczonej

½ szklanki świeżo zmielonego Pecorino Romano lub zamiennik Parmigiano-Reggiano

1 jajko, ubite

1 łyżka posiekanego świeżego estragonu lub bazylii

¼ łyżeczki mielonej gałki muszkatołowej

2 łyżki niesolonego masła

¼ szklanki oliwy z oliwek z pierwszego tłoczenia

¼ szklanki orzeszków piniowych

1 łyżka estragonu lub bazylii

Świeżo zmielony czarny pieprz

2 łyżki świeżo startego Pecorino Romano

1. Przygotuj makaron. Zagotuj co najmniej 4 litry wody. Dodać połowę makaronu i sól do smaku. Delikatnie wymieszać. Gotuj na dużym ogniu, często mieszając, aż makaron będzie miękki, ale lekko niedogotowany. Za pomocą łyżki cedzakowej wyjmij makaron. Makaron przełożyć do miski z zimną wodą. W ten sam sposób ugotuj pozostały makaron.

2. W dużej misce wymieszaj sery, jajko, estragon i gałkę muszkatołową.

3. Umieść ruszt na środku piekarnika. Rozgrzej piekarnik do 350° F. Posmaruj masłem duże naczynie do pieczenia.

4. Odcedź kilka kawałków makaronu na niepozostawiających włókien ręcznikach. Rozłóż około 2 łyżek nadzienia w linii na jednym końcu każdego kwadratu makaronu. Zwiń makaron, zaczynając od wypełnionego końca, i ułóż go na patelni łączeniem do dołu. Powtórzyć z pozostałym makaronem i nadzieniem.

5. W małym rondlu na średnim ogniu rozpuść masło z oliwą z oliwek. Wymieszaj orzeszki piniowe, estragon i pieprz. Polać sosem cannelloni. Posypać serem.

6. Piecz cannelloni od 20 do 25 minut lub do momentu, aż sos zacznie bulgotać. Przed podaniem odstaw na 5 minut.

Serowe ravioli z sosem ze świeżych pomidorów

Ravioli z ricottą

Na 8 porcji

Sklepy z naczyniami kuchennymi sprzedają wszelkiego rodzaju sprzęt do robienia ravioli. Mam metalowe urządzenie przypominające tacę, które robi wrażenie na arkuszach makaronu z szeregiem brzuszków, w których mieści się nadzienie, a następnie odwraca się, aby zamknąć i wyciąć idealne ravioli w dwóch rozmiarach. Mam ładne stemple z mosiądzu i drewna, które kupiłem w Parmie do wycinania kwadratów i kół. Jest też sprytny drewniany wałek do ciasta, który wycina ravioli, jeśli dociśniesz go z siłą Herkulesa, oraz nóż do ravioli, który był dołączony do mojej ręcznie robionej maszyny do makaronu. Chociaż wypróbowałem je wszystkie, nigdy nie używam żadnego z nich. Najprostszym sposobem na zrobienie ravioli jest ręczne wykonanie go przy minimalnym sprzęcie. Koło ciasta o falistych krawędziach nadaje im ładną obwódkę, ale można je również pokroić ostrym nożem lub kółkiem do pizzy. Może nie wyglądają idealnie, ale to część ich domowego uroku i nikt nigdy nie narzekał na ich smak.

To podstawowy przepis na ravioli z nadzieniem serowym, przygotowywane w wielu regionach Włoch.

1 funt ricotty w całości lub częściowo odtłuszczonej

4 uncje świeżej mozzarelli, grubo startej lub bardzo drobno posiekanej

1 duże jajko, ubite

1 szklanka świeżo startego Parmigiano-Reggiano lub Pecorino Romano

2 łyżki posiekanej świeżej natki pietruszki

Sól i świeżo zmielony czarny pieprz do smaku

4 filiżanki sos ze świeżych pomidorów

1 funt Świeży Makaron Jajeczny, rozwałkować i pokroić w 4-calowe paski

1. Wymieszaj ricottę, mozzarellę, jajko, 1/2 szklanki parmigiano, pietruszkę oraz sól i pieprz do smaku. Przykryj i przechowuj w lodówce.

2. Przygotuj sos i makaron. Oprósz mąką 2 lub 3 duże blachy do pieczenia. Przygotuj małą miskę wypełnioną chłodną wodą.

3. Połóż pasek ciasta na lekko posypanej mąką powierzchni. Złóż go wzdłuż na pół, aby zaznaczyć środek, a następnie rozłóż. Zaczynając około 1 cala od jednego z krótszych końcówek, umieszczaj łyżeczki nadzienia w odległości około 1 cala od siebie, w prostym rzędzie po jednej stronie zagięcia. Delikatnie

posmaruj nadzienie chłodną wodą. Zawiń ciasto na bok z nadzieniem. Wyciśnij pęcherzyki powietrza i sklej krawędzie. Za pomocą karbowanego koła cukierniczego lub ostrego noża przecinaj pokryte ciastem kopczyki nadzienia. Oddziel ravioli i mocno dociśnij krawędzie grzbietem widelca, aby je złączyć. Ułóż ravioli w jednej warstwie na blasze do pieczenia.

4. Powtórzyć z pozostałym ciastem i nadzieniem. Przykryj ręcznikiem i przechowuj w lodówce do momentu ugotowania lub do 3 godzin, kilkakrotnie obracając kawałki, aby nie przykleiły się do patelni. (Aby przechowywać je dłużej, zamroź ravioli na blasze do pieczenia, aż staną się twarde. Umieść je w wytrzymałej plastikowej torbie i szczelnie zamknij. Przechowuj w zamrażarce do jednego miesiąca. Nie rozmrażaj przed gotowaniem.)

5. Tuż przed podaniem zagotuj w dużym garnku około 4 litrów wody. W międzyczasie w średnim garnku podgrzej sos na małym ogniu. Do podgrzanej miski wlać odrobinę sosu.

6. Zmniejsz ogień pod garnkiem z makaronem, tak aby woda delikatnie się zagotowała. Dodaj ravioli i gotuj do miękkości, od 2 do 5 minut, w zależności od grubości ravioli i tego, czy zostały zamrożone. Łyżką cedzakową wyjmij ravioli z garnka. Dobrze odcedź.

7. Umieść ravioli w misce do serwowania. Polać pozostałym sosem. Posyp pozostałą 1/2 szklanki sera i natychmiast podawaj.

Ravioli ze szpinakiem i serem w stylu parmeńskim

Tortelli alla Parmigiana

Na 8 porcji

Chociaż we Włoszech ravioli z nadzieniem z ricotty są prawdopodobnie najpopularniejsze, popularna jest również podobna wersja z gotowaną zieleniną. Najczęściej stosowanymi warzywami są szpinak lub boćwina, ale w zależności od regionu używa się również escarole, mniszka lekarskiego, buraków i ogórecznika.

W tym przepisie z Parmy mascarpone zastępuje część ricotty, a boćwina jest typową zielenią. Kiedyś tradycyjnie serwowano je z okazji Dnia Świętego Jana, 21 czerwca. Zauważ, że Parmigiani nazywają te tortelli.

1 funt świeżego szpinaku lub boćwiny, bez łodyg

Sól

1 szklanka ricotty w całości lub częściowo odtłuszczonej

1 szklanka mascarpone (lub dodatkowa filiżanka ricotty)

1 duże jajko, ubite

1 szklanka świeżo startego Parmigiano-Reggiano

Szczypta świeżo zmielonej gałki muszkatołowej

Świeżo zmielony czarny pieprz

1 przepisŚwieży Makaron Jajeczny, rozwałkować i pokroić w 4-calowe paski

8 łyżek (1 kostka) niesolonego masła

1. Umieść warzywa w dużym garnku z 1/2 szklanki wody i solą do smaku. Przykryj i gotuj na średnim ogniu, aż warzywo zwiędnie i będzie miękkie, około 5 minut. Odcedzić i ostudzić. Zawiń warzywa w niestrzępiący się ręcznik kuchenny lub kawałek gazy i wyciśnij go rękami, aby wycisnąć cały sok. Drobno posiekaj warzywa.

2. W dużej misce wymieszaj posiekane warzywa, ricottę, mascarpone (jeśli używasz), jajko, 1/2 szklanki startego sera, gałkę muszkatołową oraz sól i pieprz do smaku.

3. Przygotuj makaron. Przygotuj i ugotuj ravioli zgodnie z przepisem<u>Serowe ravioli</u>, kroki od 2 do 6.

4. Podczas gotowania ravioli rozpuść masło na średnim ogniu. Do miski wlać połowę masła. Dodać ravioli i resztę roztopionego masła.

5.Posyp pozostałą 1/2 szklanki Parmigiano i natychmiast podawaj.

Zimowe ravioli z dynią z masłem i migdałami

Tortelli di Zucca al Burro e Mandorle

Na 8 porcji

Jesienią i zimą, kiedy na rynku jest pod dostatkiem dyni, kucharze z Lombardii i Emilii-Romanii przygotowują te lekko słodkie ravioli akcentowane migdałowym smakiem ciasteczek amaretti. Przepis jest bardzo stary, prawdopodobnie sięga czasów renesansu, kiedy to słodkie potrawy często pojawiały się podczas posiłku na arystokratycznych stołach jako oznaka bogactwa.

Niektóre przepisy wymagają dodania łyżki odsączonej, drobno posiekanej mostardy – owoców zakonserwowanych w pikantnym syropie musztardowym – do mieszanki dyni. Prażone migdały dodają polewie przyjemnej chrupkości.

Około 2 funtów dyni piżmowej lub Hubbarda

11/4 szklanki świeżo startego Parmigiano-Reggiano

¼ szklanki drobno pokruszonych ciasteczek amaretti

1 duże jajko

¼ łyżeczki mielonej gałki muszkatołowej

Sól dla smaku

1 funt <u>Świeży Makaron Jajeczny</u>, rozwałkować i pokroić w 4-calowe paski

1 kostka (4 uncje) niesolonego masła

2 łyżki posiekanych prażonych migdałów

1. Umieść ruszt na środku piekarnika. Rozgrzej piekarnik do 400°F. Naoliwić małą formę do pieczenia. Dynię przekrój na pół i wyjmij nasiona i włókna. Połówki ułożyć na patelni przecięciem do dołu. Piec 1 godzinę lub do miękkości po nakłuciu nożem. Ostudzić.

2. Zeskrob miąższ ze skóry. Przepuść mięso przez młynek wyposażony w drobne ostrze lub zmiel je w robocie kuchennym lub blenderze. Wymieszaj 3/4 szklanki sera, amaretti, jajko, gałkę muszkatołową i sól. Smak dla przypraw.

3. Przygotuj makaron. Przygotuj i ugotuj ravioli zgodnie z przepisem <u>Serowe ravioli</u>, kroki od 2 do 6.

4. Podczas gotowania ravioli rozpuść masło na średnim ogniu. Do ciepłej miski wlać połowę masła. Dodać ravioli i resztę roztopionego masła. Posyp je migdałami. Posyp pozostałą 1/2 szklanki sera. Natychmiast podawaj.

Ravioli Mięsne Z Sosem Pomidorowym

Agnolotti w Salsie di Pomodoro

Na 8 do 10 porcji

Włoscy kucharze rzadko zaczynają od zera, przygotowując nadzienie mięsne do świeżego makaronu. Zwykle resztki gulaszu lub pieczeni sieka się i zwilża sokami mięsnymi. W celu wydłużenia nadzienia można dodać ser, gotowane warzywa lub bułkę tartą, a mieszaninę łączy się z ubitymi jajkami. Ponieważ nie zawsze mam resztki do nadzienia ravioli, robię ten prosty gulasz jako nadzienie do ravioli.

    3 filiżanki Toskański sos pomidorowy

2 łyżki niesolonego masła

1 funt mielonej cielęciny lub wołowiny

1 pierś z kurczaka bez kości, bez skóry, pokrojona na 1-calowe kawałki

1 średnia cebula, posiekana

1 średnia marchewka, posiekana

1 małe żeberko selera, posiekane

1 ząbek czosnku, drobno posiekany

Sól i świeżo zmielony czarny pieprz

½ szklanki wytrawnego białego wina

1 szklanka Parmigiano-Reggiano lub Pecorino Romano

2 duże żółtka

1 funt<u>Świeży Makaron Jajeczny</u>, rozwałkować i pokroić w 4-calowe paski

1. Przygotuj sos. Następnie rozpuść masło na dużej patelni na średnim ogniu. Dodać mięso i kurczaka i smażyć, aż mięso straci różowy kolor, rozbijając łyżką grudki mielonego mięsa.

2. Dodać cebulę, marchewkę, seler i czosnek. Gotuj 10 minut, często mieszając, lub do momentu, aż warzywa zmiękną. Doprawić do smaku solą i pieprzem.

3. Dodać wino i dusić 1 minutę. Przykryj patelnię i zmniejsz ogień do małego. Gotuj 1,5 godziny lub do momentu, aż mięso będzie bardzo miękkie. Jeśli mieszanina stanie się zbyt sucha, dodaj do garnka trochę wody. Zdjąć z ognia i ostudzić.

4. Zeskrob mieszaninę mięsną do robota kuchennego lub maszynki do mielenia żywności. Mięso siekamy lub mielimy, aż będzie

drobno zmielone, ale nie puszyste. Przełóż masę mięsną do miski.

5. Do masy mięsnej dodać 1/2 szklanki startego sera i dobrze wymieszać. Smak dla przypraw. Wmieszaj żółtka.

6. Przygotuj makaron. Przygotuj i ugotuj ravioli zgodnie z przepisem <u>Serowe ravioli</u>, kroki od 2 do 6. Podawaj na gorąco z sosem i posyp pozostałą 1/2 szklanki sera.

Toskańskie ravioli z kiełbasą

Tortelli po kazentyńsku

Na 8 porcji

Tortelli to inna nazwa ravioli często używana w Toskanii i Emilii-Romanii. Te tortelli nadziewane kiełbasą wieprzową są robione w stylu części Toskanii Casentino, regionu znanego również z pięknych wyrobów wełnianych.

3 filiżanki Toskański sos pomidorowy

1 ząbek czosnku, bardzo drobno posiekany

2 łyżki oliwy z oliwek

1 funt zwykłej włoskiej kiełbasy wieprzowej ze skórką

2 duże jajka

2 łyżki koncentratu pomidorowego

1 szklanka świeżo startego Pecorino Romano

¼ szklanki zwykłej, suchej bułki tartej

2 łyżki posiekanej świeżej natki pietruszki płaskolistnej

Szczypta świeżo startej gałki muszkatołowej

Sól i świeżo zmielony czarny pieprz

1 funt <u>Świeży Makaron Jajeczny</u>, rozwałkować i pokroić w 4-calowe paski

1. Przygotuj sos. Następnie na dużej patelni smaż czosnek na oleju na średnim ogniu przez 1 minutę. Dodaj mięso z kiełbasy i smaż, często mieszając, aż mięso będzie ugotowane. Mięso z kiełbasy przekładamy na deskę do krojenia i drobno siekamy.

2. W dużej misce ubij jajka, aż się połączą. Ubij koncentrat pomidorowy. Wymieszaj mięso z kiełbasy, 1/2 szklanki sera, bułkę tartą, gałkę muszkatołową oraz sól i pieprz do smaku.

3. Przygotuj makaron. Przygotuj i ugotuj ravioli zgodnie z przepisem <u>Serowe ravioli</u>, kroki od 2 do 6. Polać łyżką sosu i natychmiast podawać z pozostałą 1/2 szklanki startego sera.

Pikantne ravioli w stylu Marches

Ravioli Marchegiana

Na 8 porcji

Kucharze z regionu Marches na wybrzeżu Adriatyku znani są z umiejętnego dodawania przypraw do pikantnych potraw. Na przykład te ravioli przyrządzane z różnych warzyw i sera są aromatyzowane skórką cytrynową, cynamonem i gałką muszkatołową. Podawaj z nimi_Ragù w stylu marszowym_lub proste_Sos maślany i szałwiowy_.

Około 4 filiżanek_Ragù w stylu marszowym_

12 uncji różnych warzyw, takich jak szpinak, boćwina, cykoria lub mniszek lekarski

1 szklanka ricotty w całości lub częściowo odtłuszczonej

1 duże jajko, ubite

1 szklanka startego Parmigiano-Reggiano

1 łyżeczka startej skórki z cytryny

Szczypta startej gałki muszkatołowej

Szczypta mielonego cynamonu

Sól i świeżo zmielony czarny pieprz

1 funt<u>Świeży Makaron Jajeczny</u>, rozwałkować i pokroić w 4-calowe paski

1. Przygotuj szmatę. Następnie włóż szpinak do dużego garnka i postaw go na średnim ogniu z 1/4 szklanki wody. Przykryj i gotuj przez 2 do 3 minut lub do momentu, aż zwiędną i będą miękkie. Odcedzić i ostudzić. Szpinak zawiń w niestrzępiącą się ściereczkę i odciśnij jak najwięcej wody. Drobno posiekaj szpinak.

2. W dużej misce wymieszaj ricottę, jajko, 1/2 szklanki sera, skórkę z cytryny, gałkę muszkatołową, cynamon oraz sól i pieprz do smaku.

3. Przygotuj makaron. Przygotuj i ugotuj ravioli zgodnie z przepisem<u>Serowe ravioli</u>, kroki od 2 do 6. Przełóż ravioli do miski. Polać łyżką sosu i natychmiast podawać z pozostałą 1/2 szklanki sera.

Ravioli z grzybami w sosie maślano-szałwiowym

Agnolotti ai Funghi

Na 8 porcji

Połączenie grzybów i majeranku jest typowe dla Ligurii, skąd pochodzi ten przepis. Jako farsz do tych ravioli nadają się białe pieczarki, ale aby uzyskać wyjątkowy smak, dodaj do nadzienia trochę grzybów leśnych.

3 łyżki niesolonego masła

1 łyżka oliwy z oliwek

1 funt świeżych grzybów, pokrojonych w cienkie plasterki

1 łyżeczka świeżego majeranku lub tymianku lub szczypta suszonego

Sól i świeżo zmielony czarny pieprz

½ szklanki ricotty w całości lub częściowo odtłuszczonej

1 szklanka świeżo startego Parmigiano-Reggiano

1 żółtko

1 funt [Świeży Makaron Jajeczny](), rozwałkować i pokroić w 4-calowe paski

1/2 szklanki <u>Sos maślany i szałwiowy</u>

1. Na dużej patelni rozpuść masło z olejem na średnim ogniu. Dodać grzyby, majeranek oraz sól i pieprz do smaku. Gotuj, mieszając od czasu do czasu, aż grzyby zmiękną, a sok odparuje. Ostudzić.

2. Grzyby zetrzeć w robocie kuchennym i drobno posiekać. Dodaj ricottę i 1/2 szklanki Parmigiano i dopraw do smaku. Wmieszaj żółtko.

3. Przygotuj makaron. Przygotuj i ugotuj ravioli zgodnie z przepisem <u>Serowe ravioli</u>, kroki od 2 do 6.

4. W międzyczasie przygotuj sos. Połowę sosu wlać do ciepłej miski. Dodaj ugotowane ravioli. Polać łyżką pozostałym sosem i posypać pozostałą 1/2 szklanki Parmigiano-Reggiano. Natychmiast podawaj.

Gigantyczne Ravioli Z Masłem Truflowym

Ravioloni al Tuorlo d'Uovo

Na 4 porcje

Jedno z tych bardzo dużych i wyjątkowo bogatych ravioli wystarczy na pierwszą porcję dania. Pierwszy raz jadłam je lata temu w Restauracji San Domenico w Imola, założonej przez świetnego szefa kuchni Nino Bergese, znanego z kreatywnego podejścia do klasycznej włoskiej kuchni.

To najbardziej niezwykły przepis. Świeży makaron jajeczny wypełniony jest ricottą umieszczoną wokół żółtka jaja. Po przekrojeniu raviolo lekko ugotowane żółtko wypływa i miesza się z sosem maślanym. W San Domenico ravioloni posypano cienko pokrojonymi świeżymi białymi truflami. Ciepło makaronu i sosu wydobyło ich smak i aromat. Efekt był niezwykły i zawsze będę to wspominać jako jedną z najsmaczniejszych rzeczy, jakie kiedykolwiek jadłam.

Choć mogą wydawać się nieco trudne, te ravioli są naprawdę proste w przygotowaniu, a podanie robi wrażenie. Aby uzyskać najlepsze rezultaty, złóż ravioli tuż przed gotowaniem. Truflę można zastąpić świeżo startymi płatkami Parmigiano-Reggiano. Większość olejów truflowych ma sztuczny smak, więc ich unikam.

1 funt<u>Świeży Makaron Jajeczny</u>, rozwałkować i pokroić na cztery paski o wymiarach 8 × 4 cale

1 szklanka ricotty w całości lub częściowo odtłuszczonej

2 łyżki świeżo startego Parmigiano-Reggiano

Szczypta mielonej gałki muszkatołowej

Sól i świeżo zmielony czarny pieprz

4 duże jajka

½ szklanki roztopionego, niesolonego masła

Świeża biała lub czarna trufla lub duży kawałek Parmigiano-Reggiano

1. Przygotuj makaron. Następnie wymieszaj ricottę i starty ser, gałkę muszkatołową oraz sól i pieprz do smaku. Zeskrob nadzienie do rękawa cukierniczego z końcówką 1/2 cala lub wytrzymałej plastikowej torby, odcinając jeden róg, aby utworzyć otwór o średnicy 1/2 cala.

2. Zakrywając pozostały makaron, ułóż jeden pasek na blacie. Złóż pasek na pół w poprzek, a następnie rozłóż, aby zagiąć środek.

Pozostawiając dookoła 1/2-calowy brzeg, wyciśnij krążek mieszanki serowej na makaronie po jednej stronie zagięcia. Oddziel jedno jajko, białko odłóż na bok do innego użytku. Ostrożnie włóż żółtko na środek koła. Lekko posmaruj ser zimną wodą. Na nadzienie nakładamy drugą połowę makaronu. Widelcem dociśnij brzegi makaronu, aby je złączyć. Powtórzyć z pozostałym makaronem i nadzieniem.

3. Zagotuj co najmniej 2 litry wody. Zmniejsz ogień, aż woda się zagotuje. Dodaj sól do smaku. Ostrożnie włóż ravioli do wody i gotuj, aż makaron będzie miękki, około 3 minut.

4. Do każdego z 4 ciepłych naczyń do serwowania włóż odrobinę masła. Wyjmuj ravioli pojedynczo łyżką cedzakową. Do każdego naczynia włóż raviolo i posmaruj pozostałym masłem. Za pomocą obieraczki do warzyw z obrotowym ostrzem zetnij cienkie plasterki trufli, jeśli używasz, lub płatki Parmigiano na wierzchu. Natychmiast podawaj.

Ravioli Buraczane Z Makiem

Casunziei di Barbabietole Rosse

Na 8 porcji

W Veneto tradycyjnie podaje się te piękne ravioli na Boże Narodzenie. Uwielbiam sposób, w jaki nadzienie z buraków czerwonych przebija się przez makaron niczym delikatny rumieniec. Te ravioli są typowe dla Cortina d'Ampezzo, znanego na całym świecie ośrodka narciarskiego w północnej części alpejskiego regionu. Mak w sosie odzwierciedla wpływ pobliskiej Austrii. Nasiona maku szybko tracą świeżość w ciepłej temperaturze pokojowej, więc powąchaj je, aby mieć pewność, że nie zjełczały. Przechowuj mak w szczelnie zamkniętym pojemniku w lodówce lub zamrażarce.

4 średnie buraki, przycięte i wyszorowane

½ szklanki ricotty w całości lub częściowo odtłuszczonej

1 szklanka świeżo startego Parmigiano-Reggiano

2 łyżki zwykłej, suchej bułki tartej

Sól i świeżo zmielony czarny pieprz

1 funt <u>Świeży Makaron Jajeczny</u>, rozwałkować i pokroić w 4-calowe paski

8 łyżek (1 kostka) niesolonego masła

1 łyżka maku

1. Buraki włóż do średniego rondla i zalej zimną wodą, tak aby je przykryła. Doprowadzić do wrzenia i gotować do miękkości po przebiciu nożem, około 30 minut. Odcedzić i ostudzić.

2. Buraki obieramy i kroimy na kawałki. Umieść je w robocie kuchennym i drobno posiekaj. Dodaj ricottę, 1/2 szklanki Parmigiano-Reggiano, bułkę tartą oraz sól i pieprz do smaku. Przetwarzaj tylko do momentu wymieszania, ale nadal lekko gruboziarnistego.

3. Przygotuj makaron. Przygotuj i ugotuj ravioli zgodnie z przepisem <u>Serowe ravioli</u>, kroki od 2 do 6.

4. W międzyczasie rozpuść masło z makiem i szczyptą soli. Do ciepłej miski wlać połowę masła. Przełożyć ravioli do miski. Polać pozostałym sosem ravioli i posypać pozostałą 1/2 szklanki Parmigiano-Reggiano. Natychmiast podawaj.

Krążki Makaronowe Nadziewane Mięsem W Sosie Śmietanowym

Tortellini alla Panna

Na 8 porcji

Według romantycznej legendy te pierścieniowe kieszonki na makaron zostały wynalezione przez kucharza, który podglądał boginię Wenus w jej kąpieli. Zainspirowany jej urodą stworzył makaron w kształcie jej pępka. Inne wersje tej historii mówią, że pięknością była Caterina di Medici. Bez względu na inspirację, są one wspaniale podawane w bogatym bulionie mięsnym lub drobiowym albo w prostym sosie śmietanowym lub maślanym. Wszystko więcej byłoby przesadą.

4 łyżki niesolonego masła

4 uncje schabu bez kości, pokrojonego w 1-calową kostkę

4 uncje importowanego włoskiego prosciutto

4 uncje mortadeli

1/2 szklanki świeżo startego Parmigiano-Reggiano

1 duże jajko

¼ łyżeczki świeżo zmielonej gałki muszkatołowej

1 funt <u>Świeży Makaron Jajeczny</u>, rozwałkować i pokroić w 4-calowe paski

1 1/2 szklanki ciężkiej lub bitej śmietany

Sól

1. Rozpuść 2 łyżki masła na małej patelni na średnim ogniu. Dodaj wieprzowinę i gotuj, mieszając od czasu do czasu, aż będzie ugotowana, około 20 minut. Ostudzić.

2. W robocie kuchennym lub maszynce do mięsa zmiel wieprzowinę, prosciutto i mortadelę na bardzo drobną masę. Mięsa przełożyć do miski. Wymieszaj 1 szklankę Parmigiano-Reggiano, jajko i gałkę muszkatołową.

3. Wyłóż 2 lub 3 duże blachy do pieczenia niestrzępiącymi się ręcznikami. Oprósz ręczniki mąką.

4. Przygotuj makaron. Pracując z jednym elementem na raz, resztę zakryj.

5. Pokrój makaron na 2-calowe kwadraty. Na każdy kwadrat nałóż około 1/2 łyżeczki nadzienia. Złóż ciasto na nadzienie, tworząc trójkąt. Mocno dociśnij krawędzie do siebie, aby je uszczelnić. Pracuj szybko, aby ciasto nie wyschło.

6. Połącz ze sobą dwa przeciwne punkty trójkąta, tworząc okrąg. Zaciśnij końce, aby je uszczelnić. Uformowane tortellino ułożyć na blasze do pieczenia, przygotować resztę ciasta i nadziewać w ten sam sposób.

7. Tortellini przechowuj w lodówce do kilku godzin lub przez całą noc, od czasu do czasu obracając kawałki. (W przypadku dłuższego przechowywania zamroź je na blasze do pieczenia na 1 godzinę lub do momentu, aż stwardnieją, następnie przenieś je do wytrzymałych plastikowych toreb i przechowuj w zamrażarce do jednego miesiąca. Nie rozmrażaj przed gotowaniem.)

8. Aby przygotować sos, rozpuść pozostałe 2 łyżki masła ze śmietaną i szczyptą soli na patelni wystarczająco dużej, aby zmieścił się cały makaron. Doprowadzić do wrzenia i gotować 1 minutę lub do momentu, aż lekko zgęstnieje.

9. W dużym garnku zagotuj co najmniej 4 litry wody. Dodaj tortellini i sól do smaku. Mieszaj od czasu do czasu, aż woda ponownie się zagotuje. Zmniejsz ogień, aby woda delikatnie się zagotowała. Gotuj 3 minuty lub do momentu, aż będzie lekko niedogotowane. Dobrze odcedź.

10. Na patelnię ze śmietaną wlać tortellini i delikatnie wymieszać. Dodaj pozostałą 1/2 szklanki Parmigiano-Reggiano i ponownie zamieszaj. Natychmiast podawaj.

Tortelli ziemniaczane z kiełbasą Ragù

Tortelli di Patate al Ragù di Salsiccia

Na 6 do 8 porcji

Puree ziemniaczane o smaku Parmigiano-Reggiano wypełniają świeże krążki makaronu w południowej Emilii-Romanii i północnej Toskanii. Zamiast kwadratów jak w_Krążki Makaronowe Nadziewane Mięsem W Sosie Śmietanowym_przepisu, zaczynają się one od krążków ciasta, które następnie formuje się w pierścienie. Podawaj je z bogatym_Kiełbasa Ragù_lub po prostu cieszyć się nimi_Sos maślany i szałwiowy_.

    41/2 szklanki_Kiełbasa Ragù_

3 średnio ugotowane ziemniaki

2 łyżki niesolonego masła o temperaturze pokojowej

1 szklanka świeżo startego Parmigiano-Reggiano

⅛ łyżeczki świeżo startej gałki muszkatołowej

Sól i świeżo zmielony czarny pieprz

1 funt_Świeży Makaron Jajeczny_, rozwałkować i pokroić w 4-calowe paski

1. Przygotuj szmatę. Następnie włóż całe ziemniaki do garnka i zalej zimną wodą, tak aby je przykryła. Doprowadzić do wrzenia i gotować, aż ziemniaki będą miękkie po przekłuciu nożem, około 20 minut. Odcedzić i ostudzić.

2. Obierz ziemniaki i rozgnieć je za pomocą praski lub młynka, aż będą gładkie. Wymieszaj masło, 1/2 szklanki sera, gałkę muszkatołową oraz sól i pieprz do smaku.

3. Posyp dwie blachy mąką.

4. Przygotuj makaron. Za pomocą 2-calowej okrągłej foremki do ciastek lub herbatników albo małej szklanki pokrój ciasto w koła. Połóż łyżeczkę nadzienia na jednej stronie każdego koła. Zanurz czubek palca w zimnej wodzie i zwilż okrąg ciasta do połowy. Złóż ciasto na nadzienie, tworząc półkole. Mocno dociśnij krawędzie do siebie, aby uszczelnić. Zbierz dwa rogi ciasta i zsuń je razem. Połóż tortelli na przygotowanej blasze do pieczenia. Powtórzyć z pozostałym ciastem i nadzieniem.

5. Przykryj i przechowuj w lodówce, od czasu do czasu obracając kawałki, do 3 godzin. (W celu dłuższego przechowywania zamroź makaron na blasze do pieczenia. Przenieś do wytrzymałych plastikowych torebek. Szczelnie zamykaj i

zamrażaj na okres do jednego miesiąca. Nie rozmrażaj przed gotowaniem.)

6. Kiedy będziesz gotowy do ugotowania tortelli, zagotuj co najmniej 4 litry wody. Doprowadzić sos do wrzenia. Do wrzącej wody dodać makaron, doprawić do smaku solą. Dobrze wymieszać. Gotuj na średnim ogniu, często mieszając, aż makaron będzie miękki, ale nadal mocny.

7. Do podgrzanej miski wlać odrobinę sosu. Makaron dobrze odcedzamy i dodajemy do miski. Posyp pozostałym sosem i 1/2 szklanki sera. Natychmiast podawaj.

Gnocchi Ziemniaczane

Gnocchi di Patate con Ragù o al Sugo

Na 6 porcji

Trattorie rzymskie często oferują specjały dnia. Czwartki to zazwyczaj dzień, w którym podaje się gnocchi ziemniaczane, chociaż gnocchi przygotowuje się również na duży niedzielny lunch w domu mamy, kiedy zbiera się cała rodzina.

Przygotowując gnocchi ziemniaczane, należy pamiętać, aby obchodzić się z nimi delikatnie i nigdy nie przemęczać ziemniaków, wkładając je do robota kuchennego lub miksera. Wilgotność ziemniaków określi ilość potrzebnej mąki.

Jeśli masz wątpliwości, czy dodałeś do ciasta wystarczającą ilość mąki, wypróbuj trik, który zaproponował mi sprytny szef kuchni. Zrób testowe gnòcco. Odrywaj mały kawałek ciasta i gotuj je w małym rondlu z wrzącą wodą, aż wypłynie na powierzchnię, a następnie gotuj jeszcze 30 sekund. Wyjmij go z wody i spróbuj. Kluski powinny zachować swój kształt, ale nie być papkowate ani twarde. Jeżeli jest zbyt miękkie, zagniatamy podsypując większą ilością mąki. Jeśli jest twarde, prawdopodobnie ma już za dużo mąki. Albo zacznij od nowa, albo spróbuj gotować gnocchi trochę dłużej.

4 filiżanki Neapolitański Ragù Lub sos ze świeżych pomidorów

1 1/2 funta pieczonych ziemniaków

Około 2 szklanek mąki uniwersalnej

1 duże żółtko, ubite

Sól

1. Przygotuj szmatę lub sos. Następnie włóż ziemniaki do dużego garnka i zalej zimną wodą, tak aby je przykryła. Przykryj garnek i doprowadź do wrzenia. Gotuj, aż ziemniaki będą miękkie po nakłuciu nożem, około 20 minut. Posyp mąką dwie duże blachy do pieczenia.

2. Gdy ziemniaki są jeszcze ciepłe, obierz je i pokrój w kawałki. Ziemniaki rozgnieć, używając najmniejszych otworów praski lub młynka spożywczego, albo ręcznie za pomocą tłuczka do ziemniaków. Dodać żółtko i 2 łyżeczki soli. Wsyp jedną szklankę mąki, aż się połączy. Ciasto będzie sztywne.

3. Ziemniaki zeskrobać na posypaną mąką powierzchnię. Zagniataj krótko, dodając tylko tyle mąki, aby gnocchi zachowały swój kształt po ugotowaniu, ale nie na tyle, aby stały się ciężkie. Ciasto powinno być lekko lepkie.

4. Odłóż ciasto na bok. Zeskrob deskę, aby usunąć resztki ciasta. Umyj i osusz ręce, a następnie posyp je mąką. Przygotuj jedną lub dwie duże blachy do pieczenia i posyp je mąką.

5. Ciasto pokroić na 8 części. Trzymając pozostałe ciasto pod przykryciem, zwiń jeden kawałek w długi sznur o grubości około 3/4 cala. Potnij linę na bryłki o długości 1/2 cala.

6. Aby uformować ciasto, trzymaj widelec w jednej ręce, zębami skierowanymi w dół. Kciukiem drugiej ręki zwiń każdy kawałek ciasta z tyłu zębów, lekko dociskając, aby po jednej stronie utworzyły się fałdy, a po drugiej wgłębienie od palca. Połóż gnocchi na przygotowanych patelniach. Kawałki nie powinny się stykać. Powtórzyć z pozostałym ciastem.

7. Przechowuj gnocchi w lodówce, aż będą gotowe do ugotowania. (Gnocchi można również zamrozić. Włóż blachy do pieczenia do zamrażarki na godzinę lub do momentu, aż stwardnieją. Włóż gnocchi do dużej, wytrzymałej plastikowej torby. Zamrażaj do jednego miesiąca. Nie rozmrażaj przed gotowaniem.)

8. Przygotuj podgrzewaną, płytką miskę do serwowania. Do miski wlać cienką warstwę gorącego sosu.

9. Aby ugotować gnocchi, zagotuj wodę w dużym garnku. Dodaj 2 łyżki soli. Zmniejsz ogień, aby woda delikatnie się zagotowała.

Wrzucaj gnocchi do wody po kilka kawałków na raz. Gotuj przez 30 sekund po wypłynięciu gnocchi na powierzchnię. Łyżką cedzakową usuń gnocchi z garnka, dobrze je odsączając. Przełożyć do miski do serwowania. Powtórz z pozostałymi gnocchi.

10. Polać gnocchi sosem. Posmaruj łyżką pozostałym sosem; posypać serem. Podawać na gorąco.

Gnocchi ziemniaczane z jagnięciną Ragù

Gnocchi con Ragù di Agnello

Na 6 do 8 porcji

Ten przepis pochodzi z regionu Abruzji w środkowych Włoszech. Sos zazwyczaj podaje się z pasta alla chitarra – domowym makaronem jajecznym pokrojonym za pomocą specjalnego urządzenia zwanego gitarą, ponieważ ma kształt ramy nawleczonej drutami. Świetnie sprawdzi się także w pożywnym daniu z gnocchi.

1 funt<u>Gnocchi Ziemniaczane</u>do kroku 7

2 łyżki oliwy z oliwek

1 średnia cebula, drobno posiekana

1 czerwona papryka, pozbawiona nasion i posiekana

Szczypta mielonej czerwonej papryki

2 ząbki czosnku, drobno posiekane

1 funt chudej mielonej jagnięciny

1 (28 do 35 uncji) puszka importowanych włoskich pomidorów z sokiem, posiekanych

1 łyżka koncentratu pomidorowego

1 liść laurowy

Sól dla smaku

½ szklanki świeżo startego Pecorino Romano lub Parmigiano-Reggiano

1. Przygotuj gnocchi. Następnie na dużej patelni podsmaż oliwę z oliwek, cebulę, paprykę i czerwoną paprykę, aż warzywa będą miękkie, około 10 minut. Dodaj czosnek i smaż jeszcze 1 minutę.

2. Dodaj jagnięcinę i smaż przez 15 minut, często mieszając, aby rozbić grudki, aż przestanie być różowa. Wymieszaj pomidory. Dodać przecier pomidorowy, liść laurowy i sól.

3. Doprowadź sos do wrzenia i zmniejsz ogień do małego. Gotuj, mieszając od czasu do czasu, aż sos zgęstnieje, około 1,5 godziny.

4. Zagotuj co najmniej 4 litry wody. Zmniejsz ogień, aby woda delikatnie się zagotowała. Wrzucaj gnocchi do wody po kilka kawałków na raz. Gotuj 30 sekund po wypłynięciu gnocchi na powierzchnię.

5. W międzyczasie wyjmij liść laurowy z sosu. Nałóż cienką warstwę do dużej, podgrzanej miski. Łyżką cedzakową usuń gnocchi z garnka, dobrze je odsączając. Dodaj je do miski.

Powtórz z pozostałymi gnocchi. Posyp pozostałym sosem i serem. Podawać na gorąco.

www.ingramcontent.com/pod-product-compliance
Lightning Source LLC
Chambersburg PA
CBHW071826110526
44591CB00011B/1234